ÉLOGES

DE MONSIEUR

M. A. DE NOÉ,

ÉVÊQUE DE TROYES.

ELOGES

DE MONSIEUR

M. A. DE NOÉ,

ÉVÊQUE DE TROYES,

Dont l'un a remporté le Prix et l'autre l'*accessit* au jugement du MUSÉE DE L'YONNE.

PAR MESSIEURS

LUCE DE LANCIVAL ET HUMBERT.

PRÉCÉDÉS

Du Rapport de M. BERNARD, Secrétaire du Musée, sur les Piéces du concours.

A AUXERRE,

De l'Imprimerie de LAURENT FOURNIER, Imprimeur du Musée de l'Yonne.

1804.

se trouve chez Le Normant rue des pretres St germain l'auxerrois N.° 42

RAPPORT

Fait par M. Bernard, Secrétaire du Musée de l'Yonne, à la séance publique du 12 Septembre 1804, sur les pièces du concours ouvert pour l'éloge de M. de Noé.

Le Musée de l'Yonne en proposant au concours l'éloge de Marc-Antoine DE NOÉ, Évêque de ce département, a voulu ériger à sa mémoire un monument digne de subsister autant que ses ouvrages et que le souvenir de ses vertus, et il a cru ne faire qu'acquitter au nom des lettres la dette de la reconnaissance. La postérité qui met à leur place les hommes et les choses, marquera bientôt celle que l'Évêque de Troyes doit occuper parmi les orateurs de la chaire, et si quelque esprit difficile trop persuadé que nul dans le siècle qui a suivi le beau siècle où Bossuet et Fénélon ont produit leurs chef-d'œuvres immortels n'a pu en approcher, nous accusait d'exagération pour avoir placé le nom de Noé à côté des ces grands noms, nous renverrions à ses ouvrages, qui seuls peuvent et doivent répondre pour lui, et qu'il a mis à perfectionner le temps qu'il eût employé moins utilement pour sa gloire à les multiplier; nous observerions de plus qu'il y a eu, entre ces deux hommes et lui, cette différence à son avantage, que l'épreuve du malheur ne lui a pas manqué; nous comparerions les tems aux tems; nous montrerions tout ce qui était respecté à l'une des époques, dans l'autre persécuté indignement avec M. DE NOÉ; on le verrait pleurant sur les ruines des édifices consacrés à la religion, dont peu d'années auparavant il avait prophétisé la destruction, en ramasser les débris épars, prêt à les mettre en œuvre au moment marqué par le doigt de la providence pour leur réédification : on le verrait enfin sortant pur d'une épreuve terrible à laquelle ceux qui l'avaient précédé dans la même carrière n'avaient pas du moins été exposés à succomber.

Sans doute M. DE NOÉ de son vivant, (et peut-être aurait-on le droit de le reprocher à son siècle) est demeuré loin de la réputation de Fénélon et de Bossuet, qui avait jetté même avant leur mort un si grand éclat; mais son caractére ami de la liberté et de l'indépendance, explique l'espèce d'oubli où il est resté. Etranger à la cour, il savait que ce n'était pas là qu'il pouvait remplir les devoirs de l'épiscopat, et il ne voyait dans les avantages qui y étaient attachés que le plaisir d'essuyer quelques larmes et de soulager quelques infortunes, et dans l'étude qui faisait ses délices que le charme de s'y livrer. Ajoutons que par cela même qu'il avait eu le bonheur de réaliser dans ses écrits et dans ses actions l'alliance de la religion et de la philosophie, il avait dû soulever ce préjugé funeste à l'une et à l'autre, qu'elles ne sauraient exister simultanément; tandis qu'il serait si desirable pour la philosophie que ceux qui s'honorent de suivre ses étendards, alliassent à son culte celui de la religion, et pour la religion que ceux qui montrent le plus de zèle pour ses intérêts fussent toujours philosophes.

On en pourrait dire d'avantage sur un sujet difficile à épuiser, si le soin de louer M. DE NOÉ n'appartenait particulièrement aux orateurs qui ont répondu à l'appel du Musée de l'Yonne. C'est une tâche qu'il serait peut-être imprudent de tenter après eux; la mienne doit se borner à vous faire part du résultat du concours.

On n'a point oublié que dès l'année dernière le Musée avait proposé pour sujet de prix l'éloge de M. DE NOÉ. Ne trouvant pas que l'objet de son programme eût été suffisamment rempli, il proposa le même sujet pour l'année suivante, et en appelant de nouveaux talens à le traiter, il invita les

1....

premiers aspirans à perfectionner et à reproduire leurs ouvrages. La société académique de l'Aube, chef-lieu du département qui s'honore d'avoir possédé M. DE NOÉ dans son sein, invitée par le Musée de participer à sa séance de 1803, crut elle-même s'honorer en lui demandant la faculté de s'associer à sa pensée et offrit le doublement du prix. Le Musée adopta avec empressement cette offre qui pouvait contribuer à assurer le succès du nouveau concours. Après avoir été consignée dans une délibération de la société académique, elle le fut dans le second programme que le Musée publia. Son espérance n'a point été déçue, et tandis que l'année dernière il avait douté s'il n'était point en état de décerner le prix, il n'a été embarrassé en dernier lieu que sur la question de savoir auquel des orateurs du concours le prix devait appartenir.

Dans le nombre des ouvrages parvenus au Musée, quatre ont sur-tout fixé son attention. Celui sous le n°. 4, portant pour épigraphe ce passage de Tacite : *Ita celeberrimus ad prodendam virtutis memoriam sine gratiâ aut ambitione* lui a paru précieux sous le rapport des faits, et il faut savoir un gré particulier à l'auteur, des recherches dont son ouvrage offre le résultat, comme il faut savoir gré à M. Dominique de Noé (frère du prélat) sur la foi duquel il en a recueilli la plus grande partie, de les lui avoir revelés.

Le discours n°. 1er. qui porte pour épigraphe : *Multis ille bonis flebilis occidit*, purement écrit, mais trop faible de couleur en général pour rivaliser avec ceux dont il nous reste à parler, offre des morceaux qui déposent en faveur des talens de l'auteur. Tel est le portrait qu'il a tracé du *Maréchal de Richelieu* à l'occasion de l'affaire qu'il suscita au Vicomte de Noé, maire de Bordeaux ;

« Alors un homme extraordinaire était gou-
» verneur d'une province considérable du midi
» de la France. Tous les genres d'ambition étaient
» de son domaine. A l'ombre d'un nom auquel
» un grand personnage sous le règne précédent
» avait attaché la renommée, il gouvernait à la
» fois et le prince et les sujets. Couvert des
» lauriers de Mars et de ceux d'Apollon, il quit-
» tait le casque d'Alexandre pour le manteau
» d'Antisthènes, et dominait tour-à-tour dans les
» camps et dans le lycée. Il aurait été peut-
» être la copie de Périclès, s'il n'eût été celle
» d'Alcibiade ; tout fléchissait devant lui, depuis
» les Phrynés de la capitale, jusqu'à l'Homère de
» Ferney. Ingénieux et superficiel, bel esprit et
» contempteur des beaux esprits, général habile

» et petit maître agréable, orgueilleux en effet et » philosophe en apparence, il sera le Caméléon » de l'histoire. Il éclipsa par sa hauteur et par » le nombre de ses aventures en tout genre, le » fameux duc d'Epernon qu'il affectait de pren- » dre pour modèle ».

Mais si les deux discours dont nous venons de rendre compte, et qui attachent sous plusieurs rapports, ne sont pas toujours au niveau de leur sujet, ce qu'ils laissent à desirer, le Musée a eu la satisfaction de le retrouver dans les discours n.os 3 et 5, dont l'un porte pour devise : *Pectus est quod facit disertos*, et l'autre : *conamur tenues grandia*. Il ne faut que lire ces deux ouvrages où respirent le respect et le pur amour de la religion et de la vertu, pour se convaincre que leurs auteurs en prenant la plume ont eu la conscience de leurs moyens et de leur sujet, et qu'ils ont su exprimer avec force et même avec grâce ce qu'ils ont senti avec énergie. C'est-là qu'on lit et qu'on aime à relire plus d'un morceau que le goût de l'Evêque de Troyes eût aussi certainement avoués que sa modestie les eût rejettés. Le Musée aurait été plus longtems indécis entre ces éloges, si l'un des deux ne se fût senti de l'avantage qu'a eu son auteur, comme il l'annonce, de voir et d'admirer de près, de connaître même intimement M. DE NOÉ. Le second des aspirans qui n'a pas eu le même avantage, n'a pu entrer comme le premier dans tous les détails attachans de la vie de l'Evêque de Troyes, ni être aussi riche de faits que son rival, et on regrette en voyant à quel point il a su annoblir ceux qu'il a mis en œuvre, qu'il n'en ait pas connu d'avantage, et que son travail n'ait pas plus d'étendue.

Déterminé par les motifs que je viens d'avoir l'honneur de vous exposer, le Musée de l'Yonne a décerné le prix au Discours : *Pectus est quod facit disertos*, et l'accessit au Discours ; *Conamur tenues grandia.*

Le rapport de M. le Secrétaire du Musée terminé, M. ROUGIER-LABERGERIE, Président, a fait, en séance publique, l'ouverture des billets annexés aux discours qui ont remporté le prix et l'accessit, et il a annoncé que le premier des deux billets sur lequel s'est trouvée répétée la devise : *Pectus est quod facit disertos*, portait le nom de M. LUCE DE LANCIVAL, Professeur de Belles Lettres au Lycée de Paris; et que le second billet sur lequel s'est trouvée également repétée la devise : *Conamur tenues grandia*, portait le nom de M. HUMBERT, Secrétaire de Son Excellence le Ministre des Cultes.

ÉLOGE

DE MONSIEUR

M. A. DE NOÉ,

Par M. Luce de Lancival,
Professeur de Belles Lettres au Lycée Impérial.

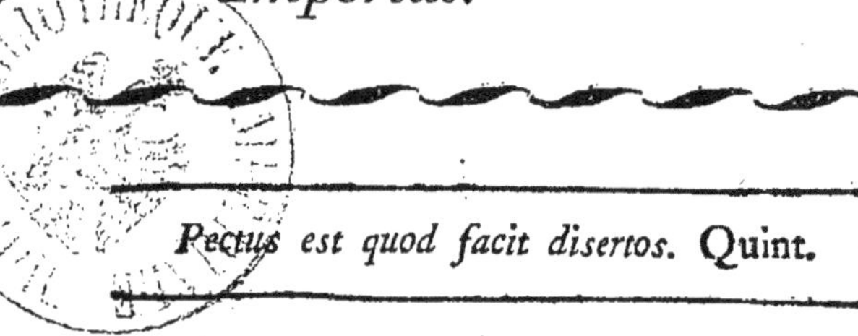

Pectus est quod facit disertos. Quint.

Il est tel hommage qui seul vaut le plus brillant panégyrique, parce qu'il est le cri du cœur ; parce qu'un enthousiasme unanime a dû l'inspirer ; parce que l'envie elle-même est contrainte d'avouer que la vérité seule a pu l'offrir, que le mérite seul a pu l'obtenir. Si l'on vous dit, par exemple, que transplanté par la Providence dans des contrées où son nom seul jusqu'alors était parvenu, chargé par un Gouvernement réparateur d'y rallumer le flambeau de la Religion et d'y éteindre celui de la discorde, un Prélat plus que septuagénaire a su conquérir l'estime et l'amour des peuples confiés à sa sagesse, au point de mériter que les regrets universels dont sa mort a été suivie, fussent d'un vœu unanime consacrés par un éloge public, vous vous écrierez, quelqu'avares que vous soyez de votre admiration : ce Prélat eut de grandes vertus; et si l'on ajoutait que son éloge a été proposé par les deux premières Sociétés savantes de son Diocèse, comme un sujet digne d'enflammer l'émulation, et d'exercer la plume de nos meilleurs orateurs, vous ajouteriez à votre tour : ce Prélat eut de grands talents. Voilà l'hommage qu'a obtenu et mérité MARC-ANTOINE DE NOÉ, ci-devant Evêque de Lescar, mort Evêque de

Troyes, au moment où il venait d'être nommé Cardinal. [1]

Que la reconnaissance des peuples du Béarn, dont il a été plus de trente ans le modèle et le père, eût de la sorte honoré sa mémoire, je ne verrais là que le glorieux acquit d'une dette bien légitime; mais que les fidèles de l'Aube et de l'Yonne qui l'ont possédé si peu, qui n'ont fait, pour ainsi dire, qu'entrevoir sa belle ame, aient su l'apprécier assez pour regarder sa perte comme une calamité publique; que devinant par le bien qu'il leur a fait tout celui qu'il voulait leur faire, ils se soient crus obligés de provoquer par une concurrence honorable tous les efforts du génie, et d'appeler même le talent étranger au secours de leur reconnaissance, voilà ce qui aurait droit d'étonner quiconque n'aurait pas été à portée de juger combien l'Evêque de Troyes

---

[1] Il reçut peu de jours avant sa mort la nouvelle officielle de sa promotion au Cardinalat.

était digne, et par ses vertus et par ses lumières, de l'honneur singulier que l'on rend à sa cendre; et voilà ce qui laisse bien peu de chose à dire à son panégyriste. Le discours le plus pompeux honorera moins la mémoire de l'Evêque de Troyes que la médaille promise à celui qui saura le louer dignement. Le Musée de l'Yonne et la Société académique de l'Aube ont fait son éloge en le proposant.

J'essaierai cependant, non dans le dessein ambitieux de disputer une palme littéraire, mais pour le seul plaisir de raconter ce que j'ai vu, j'essaierai de développer tout ce que renferme implicitement l'hommage rendu à l'Evêque de Troyes, par les deux Sociétés savantes de l'Yonne et de l'Aube. Cet hommage annonce de grandes vertus et de grands talents. Tel sera le sujet, telle pourrait même être la division de mon discours; mais pourquoi diviser ce que la nature avait uni? Dans la vie de Marc-Antoine DE NOÉ, un grand talent se montre toujours à côté d'une grande vertu ; un bel ouvrage accompagne presque toujours une belle action. Il suffirait donc d'écrire tout simplement la vie de Marc-Antoine DE NOÉ. Toutefois, comme la Providence, en l'enveloppant dans la mémorable catastrophe qui a dispersé les premiers Pasteurs de l'Eglise de France, semble avoir partagé sa vie en deux époques bien distinctes, on pourra, sans déranger l'ordre des tems, l'admirer sous un double rapport ; après l'avoir vu modeste dans la prospérité, effacer l'éclat de ses titres par l'éclat de ses vertus ; on le verra grand dans l'adversité, échanger ses titres pour des vertus nouvelles, et trouver dans le malheur même le moyen de faire encore des heureux.

DANS le tems qu'un beau nom était un patrimoine en France ; quand la naissance était un titre, et que même dans la chaire de vérité, on louait un grand homme d'avoir eu des ayeux, le panégyriste de Marc-Antoine DE NOÉ n'aurait pas manqué de dire qu'il était issu d'une des plus anciennes maisons de Gascogne [1]. Il aurait cité l'illustre famille de MONTAUT-NOÉ, sortie de cette noble tige, et plusieurs alliances avec des maisons souveraines; il aurait rappelé les nombreux exploits de ses ancêtres, les services récents de ses frères, successivement colonels propriétaires du régiment de leur nom; il aurait compté avec emphase quatre NOÉ parvenus en même tems au premier grade de l'honneur militaire, tandis que lui-même honorait par ses vertus l'éminente dignité de Prince de l'Eglise. Mais le mérite personnel du Prélat que je célèbre m'aurait dispensé, dans tous les tems, de l'environner d'un éclat étranger, et je regrette d'autant moins de ne pouvoir pas parler de ses ancêtres que, succombant déja sous le poids de son éloge, il y aurait plus que de la témérité à vouloir y mêler l'éloge de tous

[1] Il était né au village de la Grimenaudière près la Rochelle.

ceux qui ont illustré son nom. Un avantage plus réel qui accompagnait autrefois le privilège de la naissance, c'est celui d'une éducation brillante; mais, sous ce rapport même, je ne louerai pas M. A. DE NOÉ; je sais qu'il en eût préféré une plus commune, parce qu'elle aurait été plus solide. Comme son nom semblait suffire à son avancement, on lui fit parcourir très-rapidement le cercle des connaissances humaines. Son esprit avide eut bientôt tout effleuré; mais il avait plus que de l'esprit; le germe d'un talent supérieur fermentait dans son jeune cerveau, et implorait pour éclore une main habile.

Le vœu de sa famille était de le voir Evêque, le sien était d'être un Chrysostôme; pour en avoir les vertus, il lui suffisait de s'abandonner à son heureux naturel; mais il voulait en avoir aussi les talents, et il sentait que pour y parvenir il fallait du tems, du travail et d'autres études que celles qu'il avait faites en Gascogne; il sentait qu'il fallait surtout connaître à fond les langues grecque et latine.

Jaloux de puiser à la meilleure source le lait nourricier de la saine antiquité, il vint le chercher au sein de l'Université de Paris, et dans cette école justement célébre et plus justement regrettée, il voulut encore choisir les maîtres les plus renommés. Lebeau y florissait. M. A. DE NOÉ, qui avait alors près de vingt-cinq ans, n'hésita pas à refaire sa rhétorique sous cet illustre Professeur. Il était beau de voir à Paris, dans ce vaste rendez-vous de tous les plaisirs, dans ce séjour enchanté, où tant d'attraits appellent les regards; où la séduction sous mille formes sourit à l'imprudente jeunesse; où l'on ne marche qu'entouré de prestiges et de piéges; il était beau de voir un jeune homme, entièrement maître de ses actions, avec une figure qui lui eût gagné tous les cœurs, avec un nom qui lui eût ouvert toutes les portes, faire ses uniques délices d'occupations sérieuses, d'études dont il sentait l'utilité, mais dont il ne pouvait encore goûter le charme, se mêler modestement parmi les plus humbles nourrissons des muses, et ne se distinguer d'eux que par son application et ses progrès. Notre futur Chrysostôme ne rougissait pas d'être encore écolier à un âge où tant d'autres se parent du titre fastueux d'auteur, et rêvent déja leur immortalité. Comme il ne voulait pas que la sienne fût un rêve, il s'efforçait de lui donner une base solide. C'est à l'école des anciens qu'il puisait à la fois les principes éternels du bon goût et ceux d'une sage philosophie. Il semblait pressentir qu'il leur devrait un jour ses plus vives jouissances, ses plus beaux triomphes, ses plus douces consolations. Le Supérieur du Séminaire où il étudiait, le trouvant un jour occupé de la lecture de Senéque, *M. de Noé*, lui dit-il, *celui-là ne vous conduira pas à un évêché. Non*, répondit M. de Noé, *mais il me consolera de n'y être point parvenu.* C'est sur-tout à l'étude du grec qu'il se livrait avec

2...

passion. Il analysa tous les principes, toutes les beautés de cette langue admirable ; il en décomposa le mécanisme jusque dans ses moindres détails ; il se pénétra de la substance de ses chef-d'œuvres, et tour à tour essayant le pinceau d'Isocrate et la foudre de Démosthènes, il parvint à rivaliser de grâce et d'énergie avec ces modèles antiques.

Le résultat de cette étude aprofondie fut pour lui la conviction que notre langue, dont la perfectibilité semblerait avoir été épuisée par le beau siécle de Louis le grand, n'est point encore tout ce qu'elle pourrait devenir par un commerce plus intime avec les anciens. Tout en convenant que le génie qui créé les langues a le droit de les perfectionner, et que quelques écrivains privilégiés, tels que Bossuet, Pascal, La Fontaine et Madame de Sévigné, peuvent servir de modèles sans avoir imité personne, M. de Noé pensait qu'il nous restait encore des conquêtes à faire sur la Grèce et sur

Rome, et que de ces terres classiques du goût, pouvaient être transplantées avec succès parmi nous, des fleurs dont nous aurions tort de dédaigner la connaissance, ou de négliger la culture; en un mot il regardait notre langue comme une riche héritière qui n'a point encore recueilli toute sa succession.

On ne peut nier en effet, qu'égalant les anciens par le goût, l'esprit et l'imagination, nos plus parfaits écrivains ne leur cèdent la palme de l'élocution. Ils les suivent souvent de bien près, et quelquefois les passent; ils ont d'heureux élans, mais après ces élans ils se reposent, et les anciens marchent toujours. Pour ne parler ici que des orateurs, puisque c'est un orateur que je célèbre, Bossuet a le génie du style, dont on peut dire que Fléchier possède l'art; mais le premier qui ne craint aucune comparaison quand il prend un vol franc, ne soutient ce vol que dans les hautes régions du sublime. Il plane alors à côté, et peut-être au dessus de

Démosthènes; mais il se trouve pour ainsi dire à l'étroit dans les régions moyennes du style tempéré. Il n'a point ou il dédaigne l'art de cacher la faiblesse de la pensée sous les fleurs de l'expression; il néglige d'orner ce qu'il ne peut plus aggrandir; il ne sait point descendre, il tombe..... C'est l'aigle dominateur des airs qui ne peut planer qu'au dessus de la foudre. Le second au contraire (l'éloge de Turenne excepté) semble craindre de s'élever. Abusant de son art, il étouffe la pensée sous le poids des ornements, il use l'expression à force de la polir, il a plus d'éclat que de mouvement; il prodigue les fleurs, et si je ne craignais de tomber moi-même dans le défaut que je lui reproche, je dirais que c'est un cygne mélodieux qui ne se plaît que sur les bords émaillés d'une onde pure et toujours calme. Massillon, plus brillant encore, plus fleuri, plus magnifique, est aussi plus fécond, plus sage, plus substantiel que Fléchier; mais outre qu'on pourrait lui reprocher d'être quelquefois plus académicien qu'apôtre, il semble qu'un peu de précision ne gâterait rien à son style, et qu'il dirait quelquefois plus, s'il ne voulait pas tout dire. J. J. Rousseau en approche beaucoup quand il disserte; sauf l'erreur des principes, on ne peut être plus éloquent dialecticien; mais j'ose dire qu'il n'offre point encore, dans un égal degré, ces beautés franches et mâles, cette magie soutenue et entraînante qui caractérise l'éloquence antique. Tous ces écrivains quoique supérieurs sont loin encore d'égaler cet intraduisible Cicéron.

C'est la faute de notre langue, dira-t-on; sans doute elle n'a point la richesse et l'harmonie des langues grecque et latine; mais M. DE NOÉ pensait que de nouveaux emprunts faits à celles-ci pouvaient achever de couvrir son indigence; qu'un sol moins fertile pouvait être fécondé; qu'un instrument plus ingrat pouvait être perfectionné par une étude plus approfondie de la méthode antique; il croyait en un mot à la possibilité d'égaler nos modèles en les imitant, et de vaincre quelquefois nos rivaux avec leurs propres armes ; ainsi les Romains ont conquis le monde en s'appropriant les armes et les usages des peuples vaincus. Quand on a lu les Ouvrages de M. de Noé, on n'est pas tenté de le contredire.

Mais avant de parler de sa gloire littéraire, hâtons-nous de le placer sur un théâtre où il était destiné à en acquérir de plus d'un genre.

L'aurore d'un beau talent, une jeunesse laborieuse et une conduite irréprochable, appelèrent bientôt sur lui les regards du dispensateur des grâces ecclésiastiques. On lui donna l'Abbaye de Simore. Déja un vertueux Prélat (1) l'avait attaché à sa personne en qualité de Vicaire général ; mais ce n'étaient là que des titres sans fonctions, et il ne voulait point

(1) Le Cardinal de La Rochefoucauld, Archevêque de Rouen.

moissonner sans avoir semé. Le Siége de Lescar vint à vaquer; l'abbé DE NOÉ fut choisi pour le remplir, et la dignité d'Evêque étant jointe à celles de Président perpétuel et premier Baron des États de Béarn, et de premier Conseiller d'honneur au Parlement de Navarre, il se vit revêtu d'un double pouvoir, où son esprit et son cœur ne manquèrent pas d'aliment, et où les triomphes de l'un ne furent égalés que par les jouissances de l'autre.

Chargé des intérêts d'un pays, qui, quoique réuni à la France, avait toujours conservé le titre et les droits d'une souveraineté particulière; représentant perpétuel d'un peuple qui avait sa constitution à part, ses loix, son influence immédiate dans la répartition des impôts, que d'occasions n'avait-il pas d'exercer son zèle et de déployer ses talents! Ici un souvenir pénible me reporte vers des tems désastreux dont il faut conserver la mémoire pour en prévenir le retour.

O vous, penseurs profonds, qui vous flattant de rendre à l'homme des droits dont il n'a jamais joui, alliez chercher dans la nuit des siécles les éléments d'une perfection chimérique; vous qui prétendiez réaliser en France ce que Platon, de son aveu, avait rêvé en Grèce; qui dans nos tems corrompus, parliez comme au tems des Dèce, des Emile, et dont les songes brillants ont amené un réveil si terrible.... Que n'êtes-vous allés étudier la politique en Béarn! vous auriez trouvé aux extrémités de l'empire français, le modèle en petit d'une constitution sage, éprouvée par le tems et consacrée par la félicité générale. Là, vous auriez vu le peuple également représenté, la noblesse attachée à la glèbe, la législation confiée à deux chambres; dans l'une les grands possesseurs de fiefs, dans l'autre les représentants des communes, tous propriétaires; les lois, résultat sacré de leurs résolutions unanimes, sanctionnées par le Monarque qui prononçait souverainement, en cas de partage seulement, et quand tous les moyens de conciliation étaient épuisés. (1) Là, vous auriez admiré le Prélat que nous regrettons, vous l'auriez admiré, à la tête de ce Conseil vraiment national, tantôt calmant par sa modération les cœurs aigris, tantôt ramenant par sa sagesse les esprits égarés; constant ami de l'ordre et de la justice, intrépide défenseur des droits de tous, toujours le premier chargé d'aller dénoncer au trône les abus du pouvoir, soutenant les réclamations du peuple avec une éloquence égale à son courage; triomphant presque toujours, et venant d'un front modeste recueillir les bénédictions de ses concitoyens.

Avec une pareille constitution, avec de

---

(1) Cette constitution fut portée aux pieds du trône par l'Evêque de Lescar, à l'avènement de Louis XVI. Le discours patriotique qu'il prononça en cette occasion, fut généralement admiré.

pareils administrateurs, le Béarn ne pouvait-il pas être heureux? Dans cette contrée privilégiée, jamais l'aspect hideux de la misère ne contristait les regards; par tout regnait l'aisance; par tout souriait la joie: le plus pauvre des Béarnais n'était point forcé d'aller à pied. On eût dit que l'ombre protectrice du bon Henry, veillait autour de son berceau, et que la providence avait réalisé, du moins pour ses compatriotes, le vœu populaire qu'il avait formé pour tout son royaume (1). Enfin, telle était la prospérité dont le peuple jouissait dans ces climats aimés des cieux, que le vertueux évêque de Lescar se plaignait quelquefois naïvement de ce que la bienfaisance n'y trouvait rien à faire. Suspendez cette pieuse plainte, Pontife trop généreux! Si la sagesse de votre administration, si la fertilité du sol, si l'industrie des habitans du Béarn font circuler autour de vous l'abondance, trop souvent

(1) La poule au pot.

l'inclémence des saisons, l'incendie, la corruption de l'air, la conjuration de tous les élémens rendent nuls, par de soudains ravages, et les bienfaits de la providence, et les fruits de votre zèle, et les fatigues du cultivateur. La foudre, bravée par les monts sourcilleux qui bornent votre horizon, se replie en quelque sorte, et se venge sur les riantes plaines du Béarn; des nuages perfides couvent la destruction qui tout-à-coup s'échappe de leurs flancs et tombent en globules glacés sur les riches coteaux de Jurançon. Vous pourrez alors ouvrir vos trésors réparateurs, et distribuer les épargnes que votre prévoyante humanité tient en réserve.

Un fléau plus terrible que la grêle et la foudre, va faire expier aux trop heureux Béarnais leur longue prospérité. Tout-à-coup le ciel est devenu d'airain: le sein de la terre s'est desséché : le vent du midi, portant la contagion sur ses aîles, a promené son vol dévastateur dans toutes les provinces voisines, et se fixant sur les fertiles campagnes arrosées par le Gave, il vient d'y souffler la peste et la mort. Le cultivateur n'est point frappé, mais il voit languir et tomber au milieu du sillon le robuste compagnon de ses travaux. De proche en proche la calamité s'étend, le poison circule, on n'attend pas qu'il ait dévoré ses victimes; on n'attend pas qu'il les ait atteintes; on les immole par précaution, et la crainte du mal plus cruelle que le mal même, réduit l'infortuné laboureur à briser de ses propres mains l'instrument de sa richesse. Son champ reste inculte: bientôt il sera dépeuplé: la désolation assise sur des ronces, lui commande de fuir un sol maudit qu'il ne peut plus féconder. Mais déjà l'Evêque de Lescar est au pied du trône; les malheurs de la ville de Pau, retracés par son éloquent Prélat, ne pouvaient manquer de toucher efficacement le cœur d'un petit-fils de Henry IV. Un million est accordé; somme très-considérable, dans un

moment

moment où le midi de la France, atteint du même fléau, réclamait les mêmes secours, mais très-insuffisante aux besoins particuliers du Béarn. La charité est ingénieuse autant qu'elle est active. L'Evêque de Lescar imagine une souscription de bienfaisance; il fait un appel à tous ses Diocésains; deux caisses sont ouvertes; l'une aux offrandes gratuites de celui qui peut donner, l'autre aux avances volontaires de celui qui ne peut que prêter. L'auteur de cette proposition philantropique a déjà versé trente mille livres dans la première caisse; il en confie quinze mille à la seconde; mais il a fait précéder ce double bienfait d'un bienfait plus grand encore. Dans une Lettre pastorale, vraiment digne de ce nom, après avoir rappelé l'idée imposante de cette providence à qui les vents, la grêle, la contagion obéissent; après avoir présenté la calamité qu'il déplore comme une expiation pour les coupables et une épreuve pour les justes, le Chrysostôme français établit les droits du pauvre au superflu du riche avec une énergie effrayante pour l'égoïsme; puis avec l'accent pathétique d'un apôtre qui sent et qui pratique ce qu'il prêche, il s'adresse à toutes les classes de citoyens, à tous les ordres religieux, à tous les fidèles de son diocèse, à ceux même qui sont séparés de croyance et de communion, à tout ce qui porte le nom d'homme; il les somme tous au nom de la charité, au nom de l'humanité, d'apporter leur tribut, quelque faible qu'il soit, au trésor commun. Un prompt succès couronne de si généreux efforts. Toutes les traces d'un fléau destructeur ont disparu; les champs sont repeuplés; les Béarnais bénissent leur pasteur, et ils auraient perdu jusqu'au souvenir du plus affreux désastre, si leur reconnaissance pouvait oublier jamais celui qui l'a fait cesser.

Mais donner est le plus facile comme il est le plus doux des devoirs d'un évêque; pourvoir à tous les besoins de son troupeau, choisir dignement ses coopérateurs, entretenir la paix et une sainte union parmi les pasteurs, voir par ses yeux, honorer la vertu modeste, protéger le mérite envié, démêler d'un coup-d'œil sûr, dans les hommages que l'on vous rend, l'espoir secret de l'ambition, dans les rapports que l'on vous fait, l'arrière pensée de l'envie, dans les plaintes ou les recommandations que l'on vous adresse, les ressorts divers de l'intrigue, cent fois plus active et plus perfide à la cour d'un prélat qu'ailleurs, parce que l'intérêt du ciel y couvre tous les autres intérêts, parce que le vice y parle le même langage que la vertu, parce que les intrigans de tout genre y portent le même masque, et que celui de la religion est le moins transparent de tous; voilà l'abrégé des devoirs de l'épiscopat. Les exposer, c'est rappeler les principales vertus du Prélat dont nous honorons la mémoire. Dans le bien même qu'il aimait tant à faire, c'est moins ce qu'il donnait que la manière dont il donnait qui mérite notre admiration. Tous les malheureux n'ont ni les mêmes besoins, ni le même caractère. Il en est qui au sein de la misère, ont conservé un sentiment de dignité naturelle qui leur rend bien pénible l'humiliante nécessité d'implorer une assistance étrangère; il en est qu'un revers inopiné a précipités dans l'abyme, et qui, pleins encore de leur fortune passée, périraient plutôt que de tendre une main suppliante à ceux dont hier ils étaient les égaux. Quelle était alors la délicatesse, et j'ose le dire, la pudeur de sa bienfaisance! Comme il savait ménager l'amour propre du pauvre, lui sauver l'humiliation d'un détail affligeant, souvent même affranchir sa reconnaissance de tout remerciment, et doubler le prix du bienfait en lui cachant la main du bienfaiteur! Il faisait plus encore; par mille pieuses ruses, il lui épargnait jusqu'à la peine de recevoir; sa générosité se dérobait en quelque sorte sous l'aile de la providence, et à l'exemple de Booz, laissant tomber à dessein des épis sur son passage, il le fai-

fait moissonner où sa main ne croyait que glaner. Ame généreuse ! pardonnez si j'ose révéler ici ce que vous cachiez avec tant de soin : vous avez reçu la récompense de vos vertus, l'histoire de vos vertus nous appartient. Bienfaiteur de l'humanité, tant que vous avez vécu, ne nous enviez pas le bien que votre exemple peut produire encore.

J'en ai dit assez pour faire admirer l'homme public dans l'exercice de ses augustes fonctions, le pasteur dans ses rapports avec son troupeau; combien je le ferais aimer, si je l'offrais dans toute la candeur et la simplicité de sa vie privée, dans le commerce intime de l'amitié que sa belle ame était si digne de sentir et d'inspirer! C'est alors qu'il se montrait avec tous les avantages dont le ciel l'avait doué : sa pensée, libre de toute contrainte, s'épanchait tour-à-tour, naïve, délicate, brillante ou sublime, et l'expression, toujours en harmonie avec sa pensée, arrivait aisément et toujours à propos. Que d'heureuses saillies ! que de réflexions profondes ! que sa conversation était aimable et instructive tout-à-la-fois ! Dans le monde, ce n'était plus le même homme ; la différence était telle, que ceux qui auraient voulu le juger sur ce qu'il paraissait alors, auraient quelquefois bien mal apprécié et son esprit et son caractère. L'Evêque de Lescar n'avait ni ce don d'improviser qui éblouit le vulgaire, ni cette argumentation méthodique, la seule éloquence des pédans, ni cette rectitude qui, dans le langage comme dans les manières, peut être appelée le sublime des esprits médiocres. Disons tout : il laissait quelque chose à desirer même aux appréciateurs éclairés du vrai mérite, même aux admirateurs sincères de son talent. Soit modestie, soit prudence, soit préoccupation, soit plutôt que l'abondance de ses idées en gênât l'essor, et que son goût trop difficile hésitât sur la meilleure façon de les rendre, il ne paraissait pas alors au niveau de l'opinion que ses écrits avaient fait concevoir de lui ; à moins que l'importance du sujet, occupant toute son ame, échauffant son imagination, n'entraînât sa pensée et ne fit violence à l'expression, sa manière de discourir n'avait rien qui annonçât un homme supérieur ; pour le mettre à sa place, il fallait quelquefois, en l'entendant, se souvenir qu'on l'avait lu, et pour le trouver aimable aujourd'hui, se rappeler sa conversation d'hier. Cette apparente inégalité se faisait remarquer jusques dans son caractère. Le même homme qu'on avait vu dénoncer et poursuivre avec énergie les abus de l'autorité, que l'exil et les persécutions n'ont jamais fait dévier de ses principes, que nous verrons bientôt supporter l'infortune avec la constance d'un sage et la résignation d'un chrétien, lorsqu'il était surpris par les événemens, ne pouvait se défendre d'un premier mouvement d'inquiétude ; un léger obstacle l'étonnait; un choc imprévu l'effarouchait ; une contradiction le déconcertait : son courage avait besoin du secours de la réflexion, et ce n'est qu'après s'être remis de ce premier trouble involontaire qu'il déployait cette fermeté d'ame que nous aurons plus d'une fois occasion d'admirer. C'est une espèce d'égnime morale qu'il n'appartient peut-être qu'à des hommes supérieurs d'expliquer. Quoiqu'il en soit, et les actions et les ouvrages de l'Évêque de Lescar ont assez prouvé qu'il n'était timide ni de cœur ni d'esprit.

Une circonstance heureuse et brillante lui a permis de lutter avec un de nos plus éloquents orateurs, et les aristarques de ce tems-là, qui valaient bien ceux du nôtre, ont prononcé, sans compromettre leur goût, que Massillon (Massillon!) n'avait fait qu'ébaucher le magnifique tableau exécuté en grand par l'évêque de Lescar. On devine aisément que je veux parler du fameux discours sur la bénédiction des drapeaux du régiment du Roi Dragons, qu'un neveu (1) de notre Prélat commandait

(1) M. de Viella commandait en l'absence de

alors. Ce discours suffirait, à mon avis, pour établir les droits de l'orateur à l'immortalité. Quelle noble simplicité dans l'exorde, quelle savante économie dans la distribution de ses preuves! comme il paraît fort de son sujet! comme il réfute victorieusement et sans fanatisme, les *philosophistes* (1) qui prétendent que la Religion est incompatible avec l'héroisme guerrier! que le soldat chrétien paraît grand sous la plume d'un tel panégyriste! qu'il est sublime quand il expire au lit d'honneur! Ce qu'on admire sur-tout dans ce bel ouvrage, c'est la parfaite analogie du style avec le sujet. L'Orateur vous transporte au milieu des combats, il vous remplit d'un enthousiasme guerrier; on dirait qu'il a pratiqué les vertus qu'il prê-

---

M. de La Fayette qui faisait alors la guerre en Amérique.

(1) C'est l'expression de Rousseau; j'ai cru devoir l'adopter plutôt que de flétrir la belle dénomination de philosophe qu'ont honorée Socrate, Platon, etc., ect.

che, qu'il a couru les dangers qu'il peint, qu'il a cueilli les lauriers qu'il promet. On y reconnaît toujours le langage d'un Evêque, mais on sent que cet Evêque a quatre frères officiers généraux. C'est-là que vous retrouverez la touche mâle et toutes les formes heureuses des anciens (1); et

(1) Il suffira d'en citer la phrase suivante pour inviter à lire tout le Discours.

« Tout homme naît soldat; mais la patrie » ayant divers besoins, n'exige pas de tous ses en- » fans les mêmes sacrifices: les uns versent leur » sang dans les combats, les autres arrosent nos » campagnes de leurs sueurs; d'autres levant les » mains au ciel, prient pour notre prospérité, ou » pleurent sur nos crimes; tandis que d'autres » veillant sur le dépôt des lois, maintiennent » parmi les citoyens les droits de l'équité et de » la justice: mais si tout-à-coup, fondant sur » nous, un ennemi cruel ravageait nos posses- » sions, enlevait ou égorgeait nos frères, ren- » versait nos temples, nos lois, nos autels, et » menaçait l'état d'une subversion entière, au » premier cri d'effroi et de douleur de la patrie » éplorée, descendant de leurs tribunaux, sus- » pendant leurs sacrifices, s'arrachant de leurs comment l'Evêque de Lescar ne les aurait-il pas imités avec succès? Il n'étudiait qu'eux et ceux de nos écrivains qui les ont égalés ou surpassés. Ses fonctions sacrées lui laissaient-elles un moment de loisir, après les saintes écritures qui firent toujours ses délices, il lisait Homère, ou Démosthènes, ou Cicéron, ou Virgile. Allait-il passer quelques jours au sein de sa famille, dans cette île enchantée (1) à qui l'indigence même pardonnait son luxe, parce qu'elle y trouvait toujours un asyle, c'était pour lire Homère, et pour admirer à la fois et sentir la nature. Les intérêts du Béarn l'appelaient-ils à Paris? il en profitait, non pour faire sa cour aux puissances, mais pour visiter les gens de

---

» cloîtres, accourant de leurs déserts, Juges, » Prêtres, Cénobites, Solitaires, viendraient » grossir la troupe des guerriers, donner l'e- » xemple du zèle et du courage, et s'ils ne sa- » vaient combattre, du moins ils sauraient mourir.»

(1) L'île de Noé près d'Auch.

lettres les plus célèbres, pour s'instruire encore avec eux, ou pour découvrir quelque talent naissant, quelque jeune amateur de l'antiquité, qu'il ramenait avec lui, et dont il faisait son commensal et son ami. C'est ainsi qu'il s'attacha le vertueux et modeste Auger, et ce traducteur estimable a reconnu publiquement qu'il avait à son bienfaiteur plus d'une sorte d'obligation. Il entendait le Grec peut-être mieux que l'Evêque de Lescar, mais l'Evêque de Lescar le sentait mieux que lui, et la traduction de l'éloge d'Evagoras et de celui des guerriers morts dans la guerre du Péloponèse, que l'abbé Auger a eu le courage de placer à côté de ses propres traductions, prouvent et la modestie du grand-Vicaire, et la supériorité du Prélat, au moins dans l'art du style.

Tandis que je m'arrête avec complaisance à retracer ses triomphes et ses jouissances littéraires, un orage soudain vient fondre sur un frère qu'il chérissait, et lui fournit la malheureuse occasion de déployer tout son courage. L'Europe a retenti de l'affaire du vicomte de Noé; affaire inouie où le bon droit fut immolé au crédit, où l'on vit le premier magistrat d'une des premières villes de France accusé, pour avoir fait son devoir, par l homme puissant qui avait trahi le sien, appelé pour un fait civil à un tribunal militaire présidé par sa partie adverse; l'offensé jugé par l'offenseur; le crédit d'une cour subalterne imposant silence à deux cours souveraines qui réclamaient en faveur de l'innocence, et pour résultat enfin, le maire de Bordeaux, officier supérieur plus que sexagénaire, recommandable par les services de ses ayeux et par les siens, couvert d'honorables cicatrices, réduit à quitter sa Patrie pour fuir le déshonneur, et à chercher dans une terre étrangère, un asyle contre la plus odieuse persécution. Que ne fit point l'Evêque de Lescar pour épargner ce malheur à son frère, au Gouvernement cette injustice? De quel ton noble, touchant et respectueux il plaida lui-même sa cause au pied du trône! son éloquente apologie vivra, monument tout à-la-fois honorable pour lui et flétrissant pour ses adversaires; mais accueilli du Monarque avec attendrissement, le résultat en fut un indigne exil ministériellement prononcé.

Deux ans se passent; le choix du Monarque appelle au ministère deux hommes dont l'un comme lui, prince de l'église (1), se disait son ami, et dont l'autre portant un nom illustre dans la magistrature (2), l'était depuis trente ans. L'Evêque de Lescar crut la circonstance favorable pour faire annuler par le conseil du souverain le scandaleux arrêt qui avait condamné son frère à faire des excuses, lorsqu'il avait droit d'exiger une réparation. J'avais alors le bonheur d'être auprès de sa personne, et c'est comme témoin oculaire que je vais

(1) M. de Loménie-Brienne, Archevêque de Sens.

(2) M. de Lamoignon.

raconter la suite de cette malheureuse affaire.

La requête en cassation est présentée, elle est admise ; tout présage un succès aussi prompt qu'heureux. Le jour du rapport est fixé. L'Evêque de Lescar qui venait d'être nommé Président d'une section de l'assemblée provinciale d'Auch, n'attendait plus pour s'y rendre, que la certitude officielle d'un triomphe que tout semblait lui garantir ; le principal Ministre l'engage à partir, en l'assurant qu'il recevra sous huit jours l'expédition de l'arrêt du Conseil qui lui donne victoire complette. Nous partons, mon illustre ami triomphant, moi partageant son allegresse. Arrivé à Auch, l'Evêque de Lescar brûle de recevoir le gage authentique de son succès ; son impatience accuse la lenteur du courrier ; enfin huit jours sont écoulés ; le courrier arrive, point de lettre, il s'étonne : le courrier suivant, point de lettre ; il s'inquiète ; le courrier suivant.... un paquet lui est remis, il l'ouvre.... il voit une lettre de cachet pour son frère, et pour lui un billet particulier du Ministre qui l'invitait à la lui faire parvenir en Espagne, lieu de son exil, en le prévenant qu'elle contenait l'ordre de se rendre en prison dans la forteresse de Bayonne, pour être jugé par une commission, non sur le délit prétendu, mais sur sa retraite hors de France. Ames franches et sensibles! vous seules, pouvez vous figurer l'état de l'homme que l'on jouait ainsi! mais son courage fut plus grand que son revers: il demande des chevaux, m'engage à le suivre, et nous voilà sur la route d'Espagne. Nous traversons les Pyrénées, et nous pénétrons dans une humble retraite où s'offre bientôt à nous une de ces figures imposantes à qui l'âge n'imprime que plus de majesté, que l'infortune rend plus vénérables, et dont chaque trait respire la vertu.... Je crus voir Epaminondas. » Mon frère, lui dit l'Evêque de Lescar, après les premiers embrassements, » vous » sentez-vous le courage de finir ici vos

» jours

» jours plutôt que de rentrer en France » par une lâcheté? » Un regard énergique ayant répondu à cette question. » Eh » bien! ajouta-t-il, cette lettre contient » l'ordre de vous rendre sur le champ » dans la citadelle de Bayonne. Puisque » mon cœur a deviné le vôtre, demain » j'irai la reporter à celui qui n'a pas » rougi de me l'adresser. » Le lendemain nous partîmes, ou plutôt nous revolâmes vers Paris. L'aîle des vents eût paru trop lente à l'impatience de ce généreux frère. Nous étions dans la saison des frimats et des tempêtes. Au sortir de Bordeaux, la Dordogne furieuse nous oppose l'obstacle mugissant de ses flots terriblement accrus. Les matelots effrayés nous engagent à attendre quelques heures. » Un matelot » qui craint l'onde est un soldat qui craint » l'ennemi, passons. — *Mais il y a du danger.* — *Je paîrai le danger, passons.* » On nous embarque, on nous livre au caprice de l'onde; chaque flot nous présente la mort: je tremblais.... mon compagnon lisait Homère. Enfin après six heures de traversée, nous abordons. Nous dévorons l'espace qui nous séparait de la capitale. Nous voilà à Paris; nous voilà à Versailles. L'Evêque de Lescar va tomber comme la foudre, chez le Ministre, lui remettant la lettre telle qu'il l'avait reçue : *Tenez*, dit-il, *je ne veux pas être le recors de mon frère.* Le Ministre veut balbutier quelques mots d'excuse ; le Prélat le salue et se retire. Je ne suis qu'historien; ce récit fidelle me dispense de toute reflexion (1).

---

(1) Dans cette affaire trop connue, l'Evêque de Lescar discutant un jour avec M. de Vergennes les intérêts, ou plutôt les droits du Vicomte de Noé, celui-ci, pressé par des raisons auxquelles il ne savait ni ne pouvait répondre, s'emporta et s'oublia jusqu'à dire : « M. de Lescar, tout » cela est fort bon ; mais contestez-vous au roi » le pouvoir de disposer du sort d'un de ses su- » jets ? » Monsieur, lui répondit le Prélat, « je ne conteste rien au roi, mais je vous con- » teste à vous que le roi veuille être injuste, et

Depuis ce moment, ses jours n'ont été filés que par la tristesse. Une nouvelle carrière s'est ouverte pour lui : nous allons le voir aux prises avec l'infortune; mais son talent et sa vertu ne l'abandonneront point; nous serons forcés quelquefois de le plaindre, mais nous pourrons encore l'admirer.

Lorsque le dernier roi de France, soit par une généreuse condescendance au vœu bien prononcé de la nation, soit dans l'intime persuasion qu'il n'y avait plus d'autre moyen de salut pour elle, ou soit par la maligne influence de cet esprit de vertige et d'erreur,

De la chûte des rois funeste avant-coureur,

eut résolu d'assembler les Etats généraux du royaume, le Béarn qui n'y avait

---

» c'est le calomnier. » Le ministre *reticuit*, comme dit Tacite de Tibère, dans un cas à-peu-près semblable.

jamais eu de représentans, fut convoqué dans la forme commune à toutes les provinces (1); mais le peuple Béarnais, à qui sa constitution était chère, témoigna unanimement le desir que l'élection de ses Députés fût faite au sein de ses propres états, où il était légalement et suffisamment représenté. L'Evêque de Lescar fut encore chargé de porter sa réclamation au pied du Trône, et le Monarque en y faisant droit sembla sanctionner de nouveau les privilèges de la souveraineté du Béarn. Il fut décidé que ses Députés, par une exception unique, seraient élus dans l'assemblée des Etats. On se doute bien que le Président né de ces Etats et le défenseur le plus zélé du Béarn fut choisi le premier, et par acclamation, pour le représenter dans l'auguste Conseil de la mère patrie. Quand il fut rendu à Versailles avec ses collègues, la grande et *décisive* question de la réunion des trois

(1) Par Bailliages et Sénéchaussées.

ordres n'en était déja plus une, et deux jours après leur arrivée, c'est-à-dire, avant qu'ils eussent pu faire vérifier leurs pouvoirs dans leurs chambres respectives, cette réunion fut irrévocablement consommée. Tout le Clergé et toute la Noblesse avaient passé dans la salle des Députés des Communes.

Cet exemple fut moins puissant sur l'esprit de l'Évêque de Lescar que son devoir, ou ce qui lui parut être son devoir. Sa mission était pour la chambre du Clergé aux États généraux de France; il n'y avait plus de chambre du clergé, il n'y avait plus d'États généraux. Il crut sa mission finie, et après avoir, de concert avec ses collègues, [1] tant du clergé que de la noblesse du Béarn, exposé ses motifs dans un acte simple, précis et respectueux, qui fut signifié aux ex-présidents des deux ordres abolis, sans crainte et

(1) Les Députés du Tiers protestèrent aussi, mais entrèrent ainsi que ceux du reste du royaume de Navarre.

sans reproche, il se disposa à retourner vers ses commettans.

Peut-être sommes-nous encore trop voisins de cette époque fameuse, et trop pleins de tout ce qui l'a suivie, pour avoir le droit de juger, dans cette circonstance, la conduite d'un Prélat qui n'eut jamais que l'honneur pour principe et la vertu pour guide : ce droit appartient à la postérité. Quelque soit le jugement qu'elle en porte, elle ne pourra s'empêcher d'y reconnaître la franchise d'un caractère noble, et une sorte de courage assez rare pour mériter qu'on l'admire.

C'est ici le moment de parler d'un ouvrage qu'il avait composé, quelques années auparavant, et qui pourra expliquer ou même justifier, s'il en était besoin, son refus d'occuper sa place dans une assemblée chargée de régénérer la France.

En 1785, il avait été choisi pour faire le discours d'ouverture à l'assemblée générale du Clergé. Il prit pour sujet : *l'État futur de l'Église*. Ce discours ne fut point prononcé. Je n'en rapporterai pas les raisons, parce que l'éloge d'un homme vertueux n'a pas besoin de s'étayer de la satyre du vice ; mais il a a été imprimé depuis, et l'éloquence a pu compter un chef-d'œuvre de plus.

Dans cet ouvrage sublime et prophétique, il s'agit d'ouvrir les yeux des fidèles sur l'état actuel de la Religion. A l'aide des saints oracles, l'orateur pénétre dans les profondeurs de la sagesse de Dieu. En lisant ce qu'il lui a plu de nous revéler de ses desseins sur nous et sur son église, il y voit de grandes promesses, mais aussi de grandes menaces, et il essaie de fixer la mesure précise de nos espérances et celles de nos alarmes.

Pour fonder son discours sur une base solide, l'Évêque de Lescar établit un systême qui pourra paraître nouveau à quelques théologiens difficiles ; et rien n'est plus neuf en effet que l'usage qu'il a fait de deux opinions très-connues dans l'église et appuyées de l'autorité des Prophêtes, de plusieurs pères de l'église et surtout de Bossuet ; l'une est la future conversion des Juifs, et l'autre un avénement intermédiaire de J. C. qui précédera d'un long intervalle le jugement universel. Ces deux opinions réunies forment une espèce de problême religieux que l'orateur résout avec un talent et une éloquence au-dessus de tout éloge. On ne lira pas sans admiration dans la première partie, le sublime tableau de l'organisation de l'église ; dans la seconde, on entendra avec effroi les menaces terribles auxquelles il ne nous est plus permis de ne pas croire depuis que nous en avons éprouvé les effets [1]. Celui

---

(1) Les auteurs comme les victimes des fléaux dont la France n'est pas encore consolée, ne liront pas sans frémir le morceau suivant. C'est en 1788 qu'un ministre du ciel s'exprimait ainsi ; c'est du moins à cette époque que son Discours sur l'état futur de l'Eglise a paru. » Un mal » contagieux s'est répandu dans nos contrées, » mal funeste, poison subtil qui s'insinue dans les » âmes, qui aveugle les esprits, corrompt les

qui a écrit ce morceau sublime n'était, comme il le dit lui-même, ni prophête,

---

» cœurs, et qui, si vous n'arrêtez ses progrès » par les plus sages précautions, soutenues par » la faveur du ciel la plus insigne, infectera » toute la masse, et finira par dissoudre toute » société religieuse et politique.

» Des hommes orgueilleux d'un faux savoir, » ennemis de toute domination, se sont éle- » vés contre Dieu, contre son Christ et son » Eglise, contre toutes ses lois; et pour briser » plus sûrement un joug qui les fatigue, pour « renverser des idées reçues qui les importunent, » pour abréger l'étude de la ſcience, et d'un » seul mot couper court à toute discussion, ils » ont fini par dire: *Mortels, écoutez vos maîtres;* » *ils viennent vous apprendre qu'il n'y a point de* » *Dieu.* Intéressés à les croire, des hommes fai- » bles et déja vaincus par leurs passions se sont » laissés aller à leurs paroles. Bientôt ces nouveaux » diſciples sont devenus de nouveaux maîtres; » les plus ardents et les plus téméraires d'entre » eux ont été les plus suivis par leurs sembla- » bles. De la capitale où il a d'abord paru, le » mal a gagné les provinces; des villes il a passé » dans nos campagnes; des pères, par une succesni enfant de prophête; mais voyant sur le soir le ciel en feu, il s'est dit que la journée

---

» sion malheureuse, il s'est transmis aux enfans qui » en ont fait la portion la plus précieuse de » leur héritage; accru et fortifié à mesure qu'il » s'est éloigné de sa source, quelques générations » ont fait perdre de vue son origine, et lui ont » acquis le mérite et le crédit de l'antiquité. On » avait mis en question long-tems, s'il était » possible qu'il y eût de véritables athées: gra- » ces à notre siécle le problême est résolu, et » nous voyons tous les jours des hommes nés, » conçus, nourris dans l'athéisme, vivre sans » dieu, sans loi, sans remords, et mourir froids » et endurcis comme ils ont vécu; et l'on sera » surpris que les enfants d'aujourd'hui ne veuillent » vivre que pour eux! que les pères négligent » leurs enfants, que les enfants méconnaissent » leurs pères, que les liaisons du sang perdent » tous les jours de leurs droits! et l'on se plain- » dra qu'il n'y ait plus de patrie, comme il n'y » a plus de famille; que les corps et les esprits » dégénèrent, que les arts et les sciences dé- » clinent; que les chef-d'œuvres en tout genre » deviennent rares et les vertus héroïques encore » plus! Et comment en serait-il autrement? des du lendemain serait brûlante. Long-temps avant 1789, il avait prévu un changement

---

» hommes qui n'ont qu'un instant à vivre ne » doivent pas le partager. Si le bien, si le mal » n'est qu'un nom; si le juge qui les voit ne » les punit, ou ne les récompense pas; si cet » être quel qu'il soit n'existe même pas, quel » prix, pour le présent ou pour l'avenir, propose- » rez-vous à l'homme pour le payer de ses sacri- » fices et de ses travaux? Il sait que pour qui va » cesser d'être, le présent bientôt ne sera plus, et » que l'avenir ne sera jamais. Ce n'est pas tout; des » gens de bien qui devraient avoir horreur de » ces maximes écoutent les docteurs qui les dé- » bitent, vantent leur savoir, admirent leur » courage, envient leur sécurité, se raprochent » tous les jours de leurs idées, de leurs mœurs, » de leur langage, se dégoûtent enfin des objets » de la foi, et traînant avec ennui un faible » reste de christianisme, semblent n'attendre que » le moment de la tentation pour s'en défaire, » comme les apostats n'attendent que la pré- » sence et le signal du tentateur pour se livrer » aux derniers excès.

» Si dans ces circonstances il s'élevait un homme » revêtu de puissance et d'adresse, un homme » qui réunît tous les caractères et tous les dons dans l'état ; ce changement pouvoit être nécessaire, il pouvait être heureux ; mais

---

» qui en imposent le plus aux hommes, et que » l'audace sur le front, le blasphême à la bouche, » il parût parmi nous, et tentât de consommer » en un jour, le mystère d'iniquité qui s'opère » depuis les premiers siècles, quel obstacle trou- » verait-il? Ah ! je vois ses nombreux partisans se » réjouir en voyant approcher leur maître ; je les » vois accourir sur ses pas dans nos temples, » renverser nos autels, en arracher les Prêtres, » les Lévites occupés du sacrifice ; pénétrant dans » l'enceinte sacrée, je les vois appeler à grands » cris cette foule de demi-croyants rassemblés » moins par le zèle que par l'usage, et dans ce » temple déshonoré déjà par leur culte hypo- » crite, les inviter à rejetter bien loin un phan- » tôme de religion qu'ils ne supportent qu'avec » peine ; je les vois porter une main sacrilège sur » les ornemens du sanctuaire, se charger avide- » ment de leurs dépouilles, fermer les portes de » la maison de Dieu, ou en changer la destina- » tion, poursuivre au déhors leur victoire » impie, dans leurs triomphes et leurs festins » insulter à nos douleurs, et par des libations im- » pures, profaner ces coupes et ces vases consacrés » par la célébration de nos mystères les plus re- » doutables ».

quand l'Évêque de Lescar, connut les causes immédiates qui l'avaient amené, les principes ou les espérances de ceux qui le dirigeaient, il trembla pour sa malheureuse patrie. Tandis que fiers de nos effrayants succès, ivres de tant d'obstacles renversés, de tant de préjugés sacrifiés, de tant de sermens oubliés, nous nous applaudissions d'avoir anéanti quinze siècles en une heure, lui, voyant la source des plus grands maux dans le pouvoir illimité de faire le bien, dans les plus vifs élans de la liberté le germe impur de la licence, et dans la sérénité du plus beau jour, le présage d'un ouragan dévastateur, il commençait à craindre d'avoir fait dans son discours sur l'*État futur de l'Eglise*, la peinture anticipée de l'état de la France.

Plein de ces sombres idées, il retourna vers son troupeau; son troupeau qui, dans un moment, hélas! devait cesser de l'être! Sa bienfaisance devenue plus active, par le triste pressentiment que bientôt elle n'aurait plus à lui offrir que des vœux, répandait ses secours avec plus d'abondance. Trop sûr que le patrimoine du pauvre passerait bientôt à d'autres mains, il se hâtait d'escompter, pour ainsi dire, la créance de l'infortune. C'était peu pour lui de ne point perdre sa journée; croyant toujours que c'était la dernière, il voulait la rendre plus pleine, et plus lucrative pour son âme : ainsi l'astre du jour, quand il va céder l'horison aux ombres de la nuit, redouble l'éclat de ses derniers rayons, et perçant les voiles sombres qui déjà l'environnent, semble, d'un regard plus doux, saluer la terre qui va le regretter.

C'était à Pau, que jusqu'alors l'Evêque de Lescar avait fixé sa résidence, pour être plus à portée de remplir les diverses fonctions de Président des Etats de Béarn et de premier Conseiller d'honneur au Parlement de Navarre; mais il n'y avait plus ni Etats, ni Parlement : de tous ses titres, celui d'Evêque lui restait seul; il sentit que dès ce moment, sa place était à Lescar. Il vint s'y réfugier et attendre parmi ses dignes coopérateurs l'accomplissement des desseins de la providence sur son église et sur lui. Hélas ! il touchait à ce jour fatal. Déjà sont arrivés, à la tête de la force armée, les exécuteurs de la loi qui supprimait le siége de Lescar. A cette nouvelle, toute la ville frémit, les orphelins tremblèrent, les pauvres accoururent; une foule immense remplit et environne le temple où le vertueux Pontife adressait au ciel ses derniers vœux. On se presse autour de lui ; tout pleure, et les voûtes sacrées retentissent de ce cri douloureux : *Laissez-nous notre Père !* Les esprits s'échauffaient ; la crainte se changeait en indignation, le zèle en fureur, les prières en menaces.... L'objet involontaire de cette pieuse insurrection pouvait seul la calmer; il était à l'autel, il voit l'accomplissement des oracles qu'il a profondément médités; il se résigne, il s'humilie, et descendu à la dernière marche de l'autel, symbole représentatif et dramatique de la déchéance qui se manifestait en ce moment, il adresse au peuple ces propres paroles : « C'est » aujourd'hui, mes frères, que le Seigneur » nous bannit de son temple ; il ne nous » juge plus digne d'offrir le sacrifice au» quel il ne vous juge plus dignes d'as» sister..... Mais que vois - je ? vous » vous soulevez ; vous voulez nous re» tenir par la violence ; songez que ce » n'est point par la force que l'on arrache » les grâces du Seigneur (1). Nous avons » tous péché, mes frères ; humilions-nous, » prions, gémissons ; peut - être que le » Seigneur, touché de nos larmes et de » notre repentir, daignera nous rétablir » un jour ».

(1) Toute sa vie il a été fidèle aux principes consacrés dans ce discours. On a trouvé dans les journaux une lettre écrite de Londres en réponse à ses Grands-vicaires de Lescar où il leur marquait expressément que n'étant constitués ni en puissance, ni en autorité, ils n'avaient pas le droit de s'opposer aux injustices, mais seulement de ne les pas approuver.

la

A ces mots, comme si l'on eût entendu la voix de l'ange de Dieu, saisis d'un saint respect, tous les assistans, prêtres, lévites, peuple, soldats, commissaires et agens se prosternent et fondent en larmes. Le décret de suppression s'exécute paisiblement; les formes civiles s'accomplissent en silence, et on n'oppose plus que des sanglots au départ d'un Prélat pour qui le sang était prêt à couler, et peut-être le sien même.

Je ne m'arrêterai point sur les détails de cette douloureuse séparation; ils m'offriraient encore des vertus à célébrer, un monument d'éloquence à rappeler (1); mais si je dérobe quelque chose à la louange de mon héros, j'épargne des larmes à ceux qui l'ont aimé, des regrets à ceux qui l'ont persécuté, et à moi-même l'embarras de peindre ce qui ne peut être que senti. Je dirai seulement que, jusqu'au dernier moment, l'Evêque de Lescar fut

(1) Mandement au sujet de l'élection de l'Evêque du département des Basses-Pyrenées.

respecté, honoré de ceux même que ses opinions contrariaient ou que ses vertus forçaient à rougir, et qu'à la merci d'un peuple dont la frénésie révolutionnaire alla jusqu'à livrer aux flammes le berceau d'Henry IV, cette précieuse relique, ce palladium sacré du Béarn que, deux ans auparavant, j'avais vu porter en triomphe, un Prélat qui avait osé rester fidèle à ses principes et à son caractère, protégé par le seul souvenir de ses bienfaits, accompagné de ses seules vertus, eut du moins la triste liberté de gagner tranquillement le lieu de son exil.

Et quelle contrée son cœur avait-il choisie? La plus voisine du troupeau qu'il était forcé d'abandonner (1). Il ne voulait point perdre de vue ces superbes montagnes, que sa pensée aimait à franchir, et derrière lesquelles il avait laissé tant de malheurs et tant de regrets. En contemplant les Pyrénées, il croyait contempler les remparts de sa patrie. Il s'applaudis-

(1) La ville de Saint-Sébastien en Espagne.

sait de jouir du même spectacle que ses compatriotes, d'avoir encore quelque chose de commun avec eux; il confiait ses vœux à l'aîle des vents qui lui rapportaient ceux de tout ce qu'il avait chéri, et dans l'air qu'il respirait, il pouvait recueillir encore les regrets de l'amitié et les bénédictions de l'infortune.

Voilà ce qui te console dans ton exil, ô le meilleur des hommes! ce n'est ni la richesse, ni la puissance que tu regrettes; tu es riche de tout ce que tu as donné, et quand tu descends dans ton cœur, environné de tes souvenirs, tu es plus grand que l'ambitieux assis sur un trône entouré de remords et de soucis; tu dis: j'ai fait des heureux! et tu l'es toi-même. Sur cette pensée délicieuse, tu t'endors; ton sommeil est doux; ton réveil est pur et calme, comme celui de l'aurore, et le soir tu peux répéter: j'ai fait des heureux!

Hélas! il fut bientôt forcé d'aller porter plus loin ses douces et consolantes rêveries. La guerre, et une guerre terrible menaçait son asyle. Que fera-t-il ? son cœur déchiré se partage entre ses hôtes et ses compatriotes, entre le devoir et la reconnaissance, entre la patrie qui l'a vu naître et la patrie qui vient de l'adopter : il ne sera pas témoin d'une lutte sanglante, dont le résultat ne peut être qu'affreux pour lui; il ne verra point périr ou ses amis, ou ses frères; il faut qu'il s'éloigne... Accablé d'ans et de chagrin, il traîne sa vieillesse et son malheur dans une contrée, presque la seule alors qui ne se fût point déclarée contre la France, et qui s'honorait d'accueillir l'infortune. La patrie des malheureux est par tout où règne la pitié. L'Evêque de Lescar a connu, mais n'a jamais inspiré ce triste sentiment. Il eut la noble fierté de ne jamais rien recevoir d'un gouvernement étranger. Hors de la France, il fut toujours Français. Né sobre, il vivait de quelques débris de son ancienne opulence qui devaient être un jour l'héritage du pauvre, s'il ne fût devenu lui-même plus pauvre que ceux auxquels il les avait destinés. Que dis-je? dans le plus étroit nécessaire, sa charité trouvait encore du superflu pour ses compagnons d'exil. Les crimes de l'anarchie en augmentaient chaque jour le nombre; il partageait avec eux, en frère, le morceau de pain qui lui restait : abandonnant son avenir à cette providence universelle qui donne la pâture aux petits des corbeaux. Sa pieuse sollicitude n'oubliait pas les intérêts spirituels de ses malheureux compatriotes; il enseignait la loi du Seigneur à leurs enfants. Sa douce et persuasive éloquence leur faisait aimer le Dieu de leurs pères ; il les initiait aux mystères; il les faisait participer aux bienfaits de la religion; et tandis qu'en France des forcenés cherchaient à éteindre, dans un fleuve de sang, le flambeau du christianisme, il en recueillait soigneusement les rayons égarés; il alimentait les précieuses étincelles de ce feu sacré; il formait une pépinière de jeunes croyants, pour repeupler nos temples au jour de la reconciliation. Avec quelle sainte ardeur il invoquait ce beau jour! avec quelle énergie il combattait les esprits haîneux qui voulaient éterniser la guerre, et perpétuer le désordre! avec quelle onction il prêchait le pardon des injures, la concorde et la paix!

Ses vœux sont exaucés; le jour des miséricordes a lui; le Seigneur a soufflé sur l'édifice du crime; il a souri à la France, et Cyrus a paru. Revenez, fidéles et malheureux Israëlites! vos temples sont r'ouverts; votre culte vous est rendu; vous avez encore une patrie: une patrie! A ce doux nom le cœur de l'Evêque de Lescar a tressailli; il rassemble ses frères dispersés; il célèbre avec eux le jour de la délivrance, et après avoir béni la terre hospitalière qui les avait recueillis pendant l'orage, il s'achemine vers l'heureuse contrée, où, nouvel Esdras, il va donner l'exemple du zèle, et signer l'acte de la nouvelle alliance que le ciel daigne contracter avec un peuple purifié par la calamité. Pourquoi faut-il que l'accord n'ait pas été unanime, et qu'il se soit trouvé quelques enfants rebelles au vœu de la grande famille qui les rappelait dans son sein? O vous qui persistez à fuir vos frères, Pontifes autrefois chers à la France, loin de moi la pensée de vous prêter des motifs indignes du caractère que l'onction sainte vous a imprimé! le respect que je dois au souvenir de vos vertus me défend même d'interroger vos consciences; c'est votre illustre collègue qui, du haut du ciel, où il vous a précédés, vous répéte ce que la sienne lui a dit, ce qu'il vous a dit à vous-mêmes, lorsque l'appel de la patrie renaissante a retenti à vos oreilles. « Qui » pourrait nous engager à prolonger vo- » lontairement notre exil? Ce n'est point » un esprit de vengeance; ministres d'un » Dieu de paix, nous ne pouvons point » lorsque Dieu s'appaise, vouloir impi- » toyablement la mort du pécheur. Ce » n'est point un lâche regret de notre for- » tune passée; ministres d'un Dieu pauvre,

» nous n'avions pas besoin d'une révolution
» pour être convaincus que notre royaume
» n'est pas de ce monde. Pourquoi donc
» fuirions-nous notre patrie? serait-ce
» parce que la forme du gouvernement
» a changé? mais outre que nous pensons
» avec le grand Bossuet que celui de qui
» relèvent tous les empires, les ôte et les
» donne à son gré; outre que les plus
» grandes lumières de l'Eglise ne se sont
» point éclipsées sous la domination
» payenne, qu'il est toujours possible
» de rendre à César ce qui appartient à
» César, sans rien dérober à Dieu de ce
» qui appartient à Dieu, et qu'enfin la
» religion chrétienne s'incorpore à toutes
» les formes de gouvernement, quel
» changement la puissance purement spi-
» rituelle de l'épiscopat a-t-elle éprouvé
» en France? Ce sont les mêmes dogmes,
» le même culte, les mêmes cérémonies,
» la même hiérarchie, les mêmes lois en un
» mot, sanctionnées par le même chef visi-
» ble qui préside la grande famille des vrais

» croyants. Mais ne doit-on pas craindre
» le retour des principes désorganisateurs,
» le renouvellement des scènes sanglantes
» qui ont pu légitimer notre fuite? Ah!
» si l'expérience de dix ans de crimes
» permettait encore de concevoir de pa-
» reilles alarmes, si les leçons du malheur
» pouvaient s'oublier, ne serait-ce pas un
» motif de plus pour nous de venir
» consolider par notre présence et par
» l'exemple de nos vertus le rétablisse-
» ment de l'ordre public qui a la religion
» pour base? Les Apôtres n'avaient pas
» tant de prévoyance. Tous les jours un
» zèle qui n'est pas commandé par le
» devoir entraîne de pieux missionnaires
» aux extrémités du monde, à travers
» mille dangers, chez des peuples infi-
» deles, parmi des hordes sauvages, pour
» y porter une lumière nouvelle; et nous,
» à la voix du souverain Pontife, nous
» refuserions de retourner au sein de nos
» foyers, parmi nos frères, pour partager
» leur allegresse, et les aider à conserver

» le flambeau de la religion miraculeuse-
» ment rallumé! Ah! ne balançons plus;
» cédons au vœu de la patrie; cédons au
» cri de nos consciences; cédons au besoin
» de faire encore des heureux! »

Déjà l'illustre exilé a quitté les bords de la Tamise. Suivons-le aux rives de la Seine; voyons-le saluant avec transport ces contrées si belles, même aux yeux de ceux qu'elles n'ont point vu naître; voyons-le partout accueilli avec ce tendre empressement que l'on témoigne à un ami dont on se croyait séparé pour toujours. Le premier magistrat de la république le reçoit avec une bienveillance particulière. Faut-il s'en étonner? Restaurateur de la religion, il devait honorer un de ses plus fermes soutiens, et s'il est vrai que dans l'école célèbre qui s'enorgueillit d'avoir eu Napoléon pour élève, l'admirable discours sur la bénédiction des drapeaux fut mis au rang des ouvrages classiques, doit-on être surpris que la reconnaissance ait conservé un tendre souvenir de l'orateur qui, en peignant le héros chrétien, semblait lui avoir fourni un modèle? (1)

Pour asseoir le bonheur public sur sa vraie base, déja la main puissante qui dirige nos destinées, avait rattaché les anneaux brisés de la chaîne qui unit la terre au ciel ; déjà, sous la double garantie du souverain Pontife et du chef suprême de la France, un pacte sacré, fruit et symbole de l'union des cœurs, avait irrévocablement fixé les droits respectifs de l'empire et du sacerdoce ; la France ecclésiastique, divisée plus également, attendait avec impatience l'élection de ses premiers Pasteurs. L'Evêque de Lescar est nommé Evêque de Troyes. Habitants de l'Aube et de l'Yonne! il ne vous connaît point encore; ne vous offensez pas si le premier sentiment qu'il

(1) M. de Caraman, lisant ce morceau de l'art de la guerre pour les Dragons, s'écria comme le grand Condé, au Sertorius de Corneille : *C'est juste. Quoique je ne l'eusse pas aussi bien dit, moi, je le savais aussi; mais lui, d'où l'a-t-il su ?*

éprouve est la pensée douloureuse qu'il ne doit plus revoir son premier troupeau : ses regrets touchans vous garantissent son amour ; il serait ingrat s'il pouvait oublier le Béarn ; votre triomphe sera de le consoler.

Dès qu'il eut reçu l'investiture canonique de sa nouvelle dignité, l'Evêque de Troyes se rendit au chef-lieu de son gouvernement spirituel. Sa réputation l'avait devancé. Il paraît ; son air noble, ses cheveux blancs, sa physionomie tout-à-la-fois douce et imposante, tout présage le bien qu'il veut faire. Il parle ; la dignité, l'élégance soutenue, l'extrême convenance de tout ce qu'il dit étonnent ceux qui ont le goût le plus difficile. Le premier Magistrat de l'Aube (1) retrouve dans son premier Pasteur l'aménité et les manières affables qui l'ont rendu lui-même l'idole de son département, et jeune encore, il voit avec un secret plaisir

(1) M. Bruslé.

que l'amabilité n'a point d'âge. Toutes les autorités s'empressent de féliciter le Prélat, ou plutôt se félicitent elles-mêmes; il leur répond avec bonté et toujours avec justesse. *Celui qui vous a fait général m'a nommé Evêque*, dit-il au commandant de la force armée; *vous êtes bon chrétien, je serai bon citoyen.*

Toutes les bouches de la renommée ont célébré le discours qu'il prononça au moment de son installation, circonstance à jamais glorieuse pour lui, à jamais douloureuse pour ceux qui n'ont eu pour ainsi dire que l'avant goût d'un talent qui promettait encore tant de chef-d'œuvres; mais je l'ai dit, le chef-d'œuvre d'un Evêque est d'entretenir la paix parmi les fidèles confiés à ses soins. Les départemens de l'Aube et de l'Yonne n'étaient pas exempts de ces dissensions religieuses, trop souvent alimentées par ceux mêmes qui devraient ou les prévenir, ou les éteindre. Là, comme ailleurs, s'agitait l'esprit de parti; la conscience n'était pas une ; le culte était le même , et les ministres étaient divisés ; on supposait le schisme ; les cœurs les plus faits pour s'aimer se haïssaient..... mais l'Ange de paix a paru ; il n'a pas même eu besoin de faire parler toute sa sagesse , de faire tonner toute la force de son éloquence ; un sourire lui avait gagné tous les cœurs ; un mot de sa bouche rallia tous les esprits, et sa douceur seule a fait le miracle (1) ; et qui pourrait résister à la douceur ? Elle paraît , son aspect charme et subjugue ; elle parle , et la persuasion vient habiter sur ses lèvres , elle conseille , et l'on croit entendre la voix d'une mère ; elle se plaint , et l'on reconnaît l'accent d'un père qui veut jouer un instant , et qui joue mal le rôle de la sévérité. Ah ! que d'autres emploient la rigueur , les menaces et les foudres ! On céde à l'autorité , mais c'est à la douceur seule qu'on est fidele.

---

(1) Il fut toujours très-tolérant , sans être pour cela *tolérantiste*.

Que ne devait-on pas attendre d'un Prélat qui s'annonçait sous d'aussi heureux auspices ? Mais hélas ! l'arbitre suprême des humaines destinées, ne voulait que le montrer à sa nouvelle famille. A peine un mois s'était-il écoulé, qu'il ressentit les premières atteintes d'un mal sans remède. Cet homme que la maladie avait toujours respecté, qui avait, pour ainsi dire, acheté par soixante ans d'une vie sobre et chaste, le privilège de ne point vieillir, éprouva un affaiblissement progressif; une obstruction soudaine avait fermé tout passage aux alimens, et le grand ressort de la vie n'avait plus d'action. Je touche au moment fatal qui va consterner tous les amis de la vertu, et je n'ai point la force de parcourir le douloureux intervalle qui nous en sépare encore. Quels détails la douleur me fait dérober à l'admiration de ceux qui ne veulent rien perdre d'une si belle vie ! Il n'est point en effet de spectacle plus digne de tout notre intérêt que celui du sage chrétien étendu sur un lit de douleurs, et qui attend avec une pieuse résignation une mort lente et inévitable. Le sage que nous pleurons avait peint en traits sublimes le soldat chrétien mourant au lit d'honneur; mais combien il se montre plus grand lui-même à ses derniers momens! Tout déguise aux yeux du guerrier l'image affreuse du trépas; l'espérance l'écarte; la gloire l'embellit; il est frappé; mais c'est subitement; mais c'est presque sans la sentir; il ne voit que la victoire, et la mort l'atteint sans lui laisser le temps de songer qu'il était mortel. Mais voir à découvert cette mort, s'avançant lentement sur sa victime, compter pour ainsi dire ses pas, prendre de sa main hideuse la coupe d'amertume, avaler le trépas goutte à goutte, et contempler dans un lointain fixe les portes de l'éternité qui s'entrouvrent, voilà ce qui demande un courage au-dessus du courage guerrier, un héroïsme, une vertu presque surnaturelle; et voilà le spectacle qu'a offert l'Evêque

de

de Troyes, dans la longue et pénible lutte qu'il a soutenue sans murmurer. Il trouvait sa consolation dans les témoignages constans du plus tendre intérêt. Quels vœux sincères toute la ville formait pour son rétablissement ! avec quelle empressement on demandait, avec quel impatience on attendait de ses nouvelles ! C'étaient l'agitation inquiète, et les vives alarmes d'une famille tremblante pour les jours d'un père adoré. Il est plus mal ! il est mieux ! On espérait ; on n'espérait plus : je me trompe, on espérait toujours : il fallait un miracle pour le sauver, mais qui mieux que lui, disait-on, a mérité ce miracle ? Hélas ! ses jours étaient comptés ; lui-même sentait que le terme fatal approchait. Déjà il s'était démis volontairement de l'administration diocézaine active et dispositive, pour n'y voter que comme conseil. C'est au moment où il avait intérieurement renoncé aux dignités de ce monde qu'il reçut la nouvelle de sa promotion au Cardinalat. Le souverain Pontife avait cru acquitter la dette de l'église en honorant de la pourpre romaine un Prélat recommandable par tant de vertus et par tant de lumières. Mais, hélas! il n'honora que son ombre. Rien ne put retarder l'heure qui devait sonner son trépas, et donner aux départemens de l'Aube et de l'Yonne le signal d'un deuil universel. Je ne parlerai point des honneurs rendus à sa dépouille mortelle; que l'on se rappelle ceux qui, trois mois auparavant, avaient été prodigués à sa personne; que l'on en change seulement l'appareil; que l'on mette le deuil à la place de l'allégresse, et l'on aura une idée de la pompe et de la magnificence de ses obsèques. [1]

---

[1] Je ne puis taire deux circonstances glorieuses à sa mémoire, et qui prouvent à quel point il fut regretté. Le jour de ses funérailles, coïncidant avec le jour de la fête de la fondation de la République, le Préfet de l'Aube, libéral interprête du vœu de tous, arrêta, pour épargner à la ville de Troyes le contraste d'un deuil public

Son ame céleste est donc enfin remontée à sa source; il est entré dans la patrie des justes, ce Pontife adoré qui, à l'exemple de son divin modèle, a passé sur la terre en y semant des bienfaits; ce digne rival de Chrysostôme, auquel il n'a manqué, pour atteindre à la réputation de nos plus grands orateurs, que des occasions plus fréquentes d'exercer son talent. O vous, qui jouissez maintenant du prix de vos vertus et de vos longues souffrances, si de la sphère divine où vous brillez d'un éclat incorruptible, il vous était permis d'abaisser vos regards sur ce théâtre périssable où vous n'avez

---

et d'une allégresse générale, que la fête serait remise à la huitaine. A Auxerre, une cérémonie religieuse, à laquelle ont assisté toutes les autorités civiles et militaires, a eu lieu sur l'invitation du Préfet de l'Yonne. On se rappelle encore la sensation que produisit sur l'Assemblée, le discours touchant prononcé à cette occasion par M. Viart, Curé de Saint Etienne.

fait que préluder à votre immortalité, peut-être éprouveriez-vous encore une émotion douce en voyant les regrets honorables que vous y avez laissés ; en voyant deux troupeaux que vous avez également chéris, publier avec un orgueil égal les vertus de leur Pasteur, et des rives de l'Aube et l'Yonne aux bords du Gave, les gémissemens se répondre et les éloges se répéter ; en voyant le chef suprême des Français honorer publiquement votre mémoire, chercher avec un généreux empressement tous ceux qui portent votre nom, pour consoler en quelque sorte votre ombre, et se dédommager lui-même du bien qu'il ne peut plus vous faire, par celui qu'il fait à ceux que vous avez aimés. Vous n'apprendriez pas avec indifférence que le troupeau dont vous vous êtes séparé avec tant de peine, et dont vos derniers vœux ont demandé le bonheur, est maintenant confié à la vigilance d'un Prélat (1) jadis votre supérieur dans l'or-

(1) M. de la Tour du Pin-Montauban, ex-Archevêque d'Auch.

dre hiérarchique, et votre ami par le rapport des sentimens et des opinions, et aujourd'hui le digne émule de vos vertus et l'héritier de vos pensées bienſaisantes; enfin, en entendant votre panégyriste, vous reconnaîtriez, avec quelque plaisir peut-être, une voix qui ne fut jamais vendue à la faveur ni au mensonge; que vous aimiez parce qu'elle ne vous flattait point, et devant le Dieu de vérité, votre modestie me pardonnerait un éloge qui n'est que votre histoire.

ÉLOGE

DE

MARC-ANTOINE DE NOÉ,

ÉVÊQUE DE TROYES.

Par M. HUMBERT, Secrétaire de Son Excellence le Ministre des Cultes.

Conamur tenues grandia.
Horat. Odar. L. I. Od. 6.

MESSIEURS,

L'HOMMAGE des siécles appartient à la vertu. Elle est l'ame du monde, l'appui des trônes, la gloire et l'espérance du juste. Fille du ciel, elle embrasse tous les tems;

elle protège partout la faiblesse ; partout elle rassure et console le malheur, et ses leçons, aussi capables de frapper les âmes timides que d'éclairer les esprits difficiles, reposent sur les principes éternels et immuables du vrai, du grand et de l'honnête. Voilà, MESSIEURS, la vertu telle que je l'ai conçue. Je viens vous en présenter l'image. Puisse m'a faible voix se rendre digne et de vos suffrages et de mon sujet !

Les hommes passent, Dieu seul est éternel. Toute la gloire humaine, tous les honneurs, tous les hauts états de ce monde ne sont que vanités. Quel est donc cet orgueil qui nous attache à la vie ? Faibles jouets de l'inclémence et du caprice des élémens, nous voguons à toute heure au milieu des écueils d'une mer toujours orageuse. A peine la lumière a-t-elle frappé nos paupières, que tout s'arme pour nous la ravir ; nous naissons dans la douleur ; nous coulons péniblement nos jours de l'enfance à la vieillesse : la vie n'est pour nous que le prélude de la mort. Heureux celui qui en la traversant a eu le courage d'être vertueux! son nom sera l'éloge de son siécle,

MARC-ANTOINE DENOÉ naquit au château de la Grimmaudière en avril 1726, d'une famille distinguée par des services éclatans. [1] Il reçut avec la vie le germe fécond des vertus qui devaient un jour honorer sa carrière. Ses inclinations se tournèrent de bonne heure vers la retraite et la méditation. Son esprit mûrissait en silence, et dans un âge où les passions tiennent encore la raison dans un état d'ivresse, M. DE NOÉ avait déjà acquis la

---

[1] La famille de Noé avait fourni déjà un Évêque de Comminges et donné constamment des défenseurs à l'état. M. de Noé, père de l'Evêque de Lescar, était nommé au gouvernement de la Guyenne, lorsqu'il mourut à Fontainebleau sous les yeux de Louis XV. Madame de Noé était Colbert, de la famille du Ministre.

sagesse qui les modère, et l'instruction qui les porte au bien.

La piété a un charme particulier pour les ames tendres; M. DE NOÉ se destina à l'état ecclésiastique. Son application, sa douceur et sa modestie le firent remarquer de M. de La Rochefoucauld qui le nomma successivement son grand vicaire à Albi et à Rouen. Il déploya sous les yeux de ce cardinal tant de vertus et des talens si rares, qu'il fut à l'âge de trente-six ans nommé au siège de Lescar. Il y porta cette sagesse et cette pureté de mœurs que son éducation et son heureux naturel avaient fait germer dans son cœur. Sa piété fut l'exemple des fidèles ; sa doctrine fut la lumière du Clergé. Il sut rendre son ministère édifiant aux yeux de l'église, utile aux yeux de l'état. Il ramena la paix dans les familles, l'innocence dans les campagnes, et la bonne foi si nécessaire à la confiance, ses vertus surent l'inspirer partout.

Quelle est belle cette mission de la

Providence qui place un seul homme comme un ange médiateur entre le ciel et la terre, pour porter aux pieds du trône de Dieu les vœux et les hommages des mortels! Confident de leurs peines secrètes, il les allège en les partageant. Il ouvre à l'espérance les ames oppressées sous le poids du malheur. Il dit à tous, d'après une voix céleste : *Si vous voulez être heureux, soyez saints ; car le Seigneur votre Dieu est saint.* Il annonce au juste une vie qui sera sa gloire, au méchant une éternité.... Ah! cette mission n'est pas de ce monde. Elle n'est fondée ni sur l'ignorance des uns, ni sur le savoir des autres; elle parle au cœur de tous; elle est divine.

La morale fut toujours onctueuse, toujours persuasive, la vérité et la raison toujours éloquentes dans la bouche de M. DE NOÉ. Formé à l'école des grands écrivains de la Grèce et de Rome, il puisa dans leurs écrits cette hardiesse et cette flexibilité d'imagination qui donne tant de nerf et de vie à ses ouvrages, et cette pureté de goût qui en bannit l'affectation, la parure et la contrainte. Il a laissé plusieurs traductions d'Isocrate, de Thucydide et de Saint Paul. La langue française sous sa plume est mâle et abondante. Elle lui a révélé tous ses secrets; elle lui a ouvert toutes ses ressources. Le style qui pour la plupart n'est que l'art futile d'arranger des mots, devient pour lui l'interprète sensible du cœur, de l'esprit ou de la raison. Il le revêt de toutes les formes, il l'embellit de toutes les nuances, il sait le rendre tour à tour tendre et séduisant, grave et noble, vif, ingénieux et léger. Toujours à la hauteur de ses modèles quand il traduit, il s'égale encore à eux quand il se livre aux inspirations de son génie. C'est alors qu'il est vraiment digne des beaux siècles de Périclès, d'Auguste ou de Louis le Grand. Ses pensées ont de la substance et de la force; il les enchaîne étroitement, il les serre, il les exprime avec grâce, énergie, et avec cette heureuse facilité qui est le signe et l'ornement d'une imagination prompte et d'un esprit cultivé.

M. de Noé joignait au talent d'écrire, le talent de parler. Il trouvait sur ses lèvres, sans efforts, sans préparation, ces phrases douces et harmonieuses, ces expressions élégantes que la réflexion et le travail ne placent ordinairement que sous la plume.

Suivez un si beau modèle, ô vous qui vous destinez à prêcher l'Evangile. Aux études qui forment le cœur joignez celles qui forment l'esprit. L'ame de l'orateur est dans l'accord de l'un et de l'autre. Dans un siècle poli, on n'a d'influence sur les hommes que par le charme de la diction; il faut flatter leur goût pour arriver à leur cœur. Aspirez donc à la gloire littéraire, alors même que vous y seriez indifférent, afin d'arriver plus sûrement à la gloire plus réelle et plus sainte d'instruire et de sauver les hommes.

Avec des mœurs douces, un esprit liant et aimable, M. de Noé avait de l'élévation et de la force dans le caractère. Son ame respirait la noblesse de son origine. Elle se montre toute entière dans le discours qu'il prononça lors de la bénédiction des guidons du régiment du Roi. Orateur aussi éloquent qu'érudit, M. DE NOÉ nous fait remarquer chez toutes les Nations l'appareil magnifique d'une religion militaire. Je parcours avec lui l'histoire; j'arrive jusqu'au peuple de Dieu. Je vois à la tête des Israëlites l'arche d'alliance et le serpent d'airain; je vois briller l'aigle et les dieux du capitole sur les étendarts romains, et la croix que la main victorieuse de Constantin éleva au milieu des légions de l'orient. C'est en nous transmettant ces idées sublimes, ces grandes époques de gloire, que M. DE NOÉ exalte l'ame du soldat chrétien. Elle n'est sans doute pas la religion des lâches, la religion de tant de généreux martyrs de la patrie; la religion des Charlemagne, des Saint-Louis, des Turenne et des Condé; la religion qui fit humilier dans ses temples le diadême de Louis XIV! Elle anime le guerrier par ses motifs ; elle l'enflamme par son esprit; elle donne à l'ame l'élan de la bravoure...... La valeur ainsi placée sous l'œil du dieu des armées n'a plus qu'un cri ou qu'un asyle ; la victoire ou la mort.

Voilà les sentimens que M. DE NOÉ fait passer dans l'ame de ses lecteurs. Il les grave en traits de feu. Son Discours est rempli d'idées grandes, (1) de sentiments

---

(1) M. de Noé est le premier qui ait donné l'idée de la colonne nationale, où doivent être inscrits les noms des guerriers morts au champ d'honneur. « Pourquoi, dit-il, après une guerre qui aura » fait répandre sur la terre et sur les mers le » sang des braves, ne verrions-nous pas s'éle- » ver un monument où leurs cendres recueillies » et honorées, nous rappelleraient ce qu'ils ont été, » et encourageraient ceux qui viendront après » nous à marcher sur leurs traces ?

» Il ne faudrait pour ce dernier bienfait, et » le seul dont les illustres morts soient suscep- » tibles, ni masses énormes, ni superbes por- » tiques, ni vastes enceintes ; il suffirait qu'éle- » vée sur les débris d'armes, de forteresses et de magnanimes. Le ton en est mâle, animé et soutenu. C'est un chef-d'œuvre que l'éloquence, l'honneur et la religion se glorifieront à jamais d'avoir produit.

» vaisseaux, *une colonne présentât à la postérité* » *les noms et les actions de ceux dont le courage* » *se serait le plus distingué*. La piété demanderait » qu'au pied de la colonne un autel fût dressé » au dieu des armées, et que sur cet autel, la » victime sans tache fût immolée pour des pé- » chés que n'aurait pas suffisamment expiés une » mort glorieuse. Il serait juste qu'à cette solem- » nité, présidée par tout ce que la nation a de » chefs les plus nobles et les plus illustres, le » peuple fût invité de se rendre et de venir » soulager sa douleur par ses soupirs et par » ses larmes. Au premier rang et dans la place » la plus honorable, paraîtraient les veuves, les » mères désolées, les pères infortunés, les enfans » qui auraient à pleurer un époux, un fils, un » père; et l'orateur le plus éloquent, le plus » homme de bien, le plus capable de sentir nos » pertes, et d'exprimer nos regrets, serait chargé » de louer les héros, objet de cette auguste et » pieuse cérémonie ».

M. DE NOÉ fut non seulement un orateur distingué, il fut encore un Pontife généreux et sensible. Il fut le soutien et la consolation des fidèles. Si sa vie présente à l'admiration de grandes qualités, elle offre à la reconnaissance de grands bienfaits. Vous vous en souvenez, ô peuples de Lescar, de cette épizootie meurtrière qui, semblable à un torrent impétueux, porta dans vos campagnes le ravage et la mort. [1] L'œil en pleurs, le visage abattu, vous erriez de contrée en contrée, demandant à la pitié du ciel une terre plus hospitalière. Votre raison troublée s'exhalait en soupirs ardens. O infortunés! pourquoi des murmures, pour-

(1) En 1776 une maladie contagieuse ravagea tous les troupeaux du midi : elle se fit sentir d'une manière désastreuse en Béarn. M. DE NOÉ publia, à cette occasion, une lettre pastorale qui fut en même tems religieuse et politique. Cette réunion donne à l'ouvrage un degré d'intérêt dont il ne paraissait pas susceptible.

quoi ces égaremens d'un désespoir criminel ? Dieu vous avait-il délaissés ? n'avait-il pas envoyé au milieu de vous l'homme de sa droite, un père, un ami, un bienfaiteur ? Vous le vîtes en larmes aux pieds des autels invoquer pour vous et la clémence divine et la charité des hommes. Sa fortune, de tout tems l'héritage du pauvre, devint en un instant le patrimoine de l'infortune. [1] Il vous prodigua et les soins délicats de sa tendresse, et les secours de son infatigable activité. Ce généreux exemple eut bientôt et partout des imitateurs; il réveilla jusqu'en Espagne [2] des sentimens que ni la distance ni la fortune n'étoufferont jamais ; car

---

[1] Pour remédier à ce désastre, M. DE NOÉ imagina une souscription de bienfaisance, et joignant l'exemple au précepte, il s'inscrivit en tête de cette souscription pour une somme de 45,000 francs.

[2] Il y avait en Espagne plus de trente mille Béarnais qui s'y étaient établis, et y faisaient un commerce considérable.

quelque prospère que soit un ciel étranger, on n'y retrouve ni le soleil de son enfance, ni la tombe de ses pères, ni le sanctuaire de sa famille, orgueil, charme et soutien de la vie. Ces souvenirs si touchans, M. DE NOÉ sut les embellir encore. La lettre pastorale qu'il publia fit abonder de toutes parts les tributs consolateurs de la bienfaisance, et le malheur, encore une fois, dut son salut aux douces inspirations de la piété.

J'arrive à une grande époque de la carrière littéraire et religieuse de M. DE NOÉ. C'est celle où il écrivit son discours sur l'*État futur de l'Eglise*. La religion qui l'inspira semble lui avoir prodigué les grâces et l'énergie de l'éloquence. Quel ordre, quelle sagesse, quelle profondeur de vues ! Quelle richesse de pensées, quelle magnificence de style ! C'est dans ce discours qu'il faut étudier les mystères de la toute-puissance, les glorieux souvenirs du passé et les espérances futures. Dieu qui n'a ni origine, ni durée, sa bienfaisance qui n'a point de mesure, sa volonté qui n'a point de bornes, qui, d'un seul acte, féconde le néant, ordonne les mondes, parcourt l'infini, embrasse l'éternité. Voilà le sujet des hautes méditations de M. DE NOÉ. Elles sont écrites d'inspiration. L'œil tourné vers les cieux, il porte sa pensée et la nôtre vers ce qui ne passe point. L'homme s'évanouit. C'est l'orateur de l'évangile, le juge des puissances, l'interprète des révélations divines.

Avant lui Bourdaloue, Massillon, Flechier avaient porté l'éloquence à une hauteur qu'il était difficile d'égaler, et Bossuet à une sublimité qu'il était impossible d'atteindre. L'ame de M. DE NOÉ l'a rendu éloquent à côté de ces grands modèles. Il est attachant et nerveux avec Bourdaloue, sensible avec Massillon, élégant avec Flechier, naturel et sublime avec Bossuet. Le génie a un essor que rien n'effraie, que rien n'arrête. Sa route s'élève au-dessus des régions terrestres.

C'est à cette distance des hommes que la renommée paraît auguste, (1) que la gloire est un besoin de l'ame, que la postérité se montre. Il n'est plus alors permis de jeter en arrière un regard timide; il faut être grand.

Ici, MESSIEURS, se terminent les beaux jours d'un épiscopat à jamais mémorable. La paix, l'innocence et le bonheur regnaient sous l'égide de la religion; mais, hélas! du mépris de la religion, naît le mépris de toutes les vertus. Sans la religion, la morale n'a plus de base, les lois n'ont plus de sanction, les gouvernemens plus de force ni de stabilité; et quand dans un état, la licence et la perversion en sont venues à ce point; quand le goût, le cœur et l'esprit d'une nation ont aussi sensiblement dévié, il faut une régénération: et plus le mal aura de racines, plus la crise sera violente. Que de souve-

(1) *Curam habe de bono nomine.* Au livre de la sagesse, chap. XLI, v. 15.

nirs déchirans , que de regrets amers viennent en ce moment troubler ma pensée !

Je vois s'avancer à grands pas, sur une terre de délices, la corruption, le deuil et la mort.

Je vois la France, jadis si grande et si heureuse, devenir tout-à-coup un vaste tombeau.

Ici, la patrie n'est plus qu'un cri funèbre; là, elle n'est plus qu'une espérance de l'imagination.

Les uns, cruels et homicides, l'invoquent pour assouvir leurs fureurs.

Les autres éperdus et divisés la cherchent et ne la retrouvent plus que dans leurs souvenirs.

Plus d'asyle pour la vertu, plus de respect pour le malheur.

C'est alors que des familles errantes emportent au loin leurs affections et leur désespoir ; que des citoyens autrefois la gloire et l'ornement de leur pays, accablés de toutes les privations du rang et de la fortune, s'en vont demander un abri et du pain à la pitié de l'étrangèr; que la vertu, grand Dieu! la vertu modeste, simple et bienfaisante, est exilée de cette terre ingrate où elle versait toutes les consolations, toutes les espérances.

Ce sort malheureux, M. DE NOÉ le partagea; il se réfugia en Angleterre. Là il eut à lutter contre le double écueil de l'infortune et de la haîne nationale. Il portait encore sa patrie méconnaissable dans son cœur. Il vêcut loin d'elle; comme les Antoine, les Arsène, les Hilarion surent vivre et se sanctifier loin de Rome. Il opposa partout avec courage aux perfides séductions le cri de sa conscience. Admirons la supériorité de son âme qui toujours invincible de quelque côté qu'on l'attaquât, n'eut d'autre passion que l'amour de son pays et d'autres espérances que la vertu. Tout espoir de retour ne lui était cependant point ravi; et dans l'attente de ce retour qui flattait ses vieux ans, il sut, comme S. Jérôme, honorer à la fois son malheur et la religion. Des soldats français gissaient dans les fers ennemis; une mort sans gloire semblait devoir terminer leur carrière. M. DE NOÉ s'élevant au-dessus des craintes les plus naturelles, pénètre à travers les cachots, arrive jusqu'à ces généreux martyrs de l'honneur. Il les anime, il les soutient; il réveille leurs espérances et leur procure à tous des secours qui adoucissent l'amertume de leur longue captivité. Quand on songe à la situation dans laquelle il se trouvait lui-même, il faut tomber aux pieds de la charitable Providence, et la bénir d'inspirer au cœur de quelques hommes tant de dévouement pour le bonheur de tous.

Voilà les révolutions! Elles sèment partout l'erreur et les ténèbres; elles brisent, elles écrasent tout; elles sont des époques de sang. Les puissants tombent; les sages sont égarés. O mon Dieu! le sort des empires ne dépend donc ni de la sagesse ni de la puissance des hommes!

Cependant la France ne devait pas

s'engloutir toute entière. Un génie rare et vaste sort tout-à-coup des ruines. Brillant de jeunesse et de vaillance, il apparaît au milieu du cahos comme la lumière céleste. Grand dans les combats, grand dans les conseils, ses armes et sa sagesse rendent la paix au monde. Il récompose l'ordre social. Sous son heureuse influence la morale retrouve son bienfaisant empire avec celui de la religion. Les temples sont relevés, les lévites rappelés; par-tout des cantiques d'allegresse s'élévent jusqu'aux cieux. Oh! quel inespéré changement!

Tout n'était pas fait. Il restait à calmer des consciences délicates, faibles et timides, et la conscience n'est pas sous l'empire de la volonté humaine. Il fallait enchaîner des passions encore malfaisantes, éteindre des regrets, faire oublier des torts ou pardonner des crimes. Cette tâche, M. DE NOÉ fut jugé digne de la remplir. Sa modestie, ne put le dérober aux regards du chef de l'Etat. Il fut nommé à l'Evêché de Troyes. Son âge, sa santé, ses malheurs eussent pu facilement éluder ce devoir devenu trop pénible. Mais s'occupa-t-il jamais de son repos et de son bonheur, lorsqu'il s'est agi du bonheur et du repos de la Patrie? Il justifia dans cette nouvelle mission toute la confiance que des succès passés avaient inspirée. Il y déploya l'énergie et la constance de la jeunesse, et la paix reparut dans des contrées qui la méconnurent si long-tems. Tant de travaux, tant d'obstacles vaincus épuisèrent à la fin ses forces. Il ne put jouir long-tems du spectacle consolant du bien qu'il avait fait, et au moment où il allait en recevoir l'honorable récompense (1), la mort vint

(1) Il devait être nommé Cardinal. — Voici la lettre que M. le Conseiller d'état *Portalis* lui écrivit le 5.e jour complémentaire an 10.

» Je m'empresse, M. l'Evêque, de vous an-
» noncer de la part du Premier Consul que le
» Pape lui ayant accordé quatre chapeaux de
» Cardinaux, il en a demandé un pour vous,
» afin de vous prouver combien il est satisfait de

l'enlever à la reconnaissance de l'Eglise et de l'Etat. O vous, qui l'avez connu dans les derniers tems de sa carrière, dites-nous les prodiges de son vertueux dévouement; dites-nous comment il s'empara de la confiance, comment il sut gagner tous les cœurs et ramener tous les esprits. Vous que l'erreur ou la passion égarèrent, rendez ici hommage à sa douce persuasion, à la sagesse de ses conseils. Et vous que le malheur entraînait au crime ou réduisait au désespoir, venez mouiller de vos larmes cette main bienfaisante qui vous rendit au bonheur. Venez tous, magistrats, citoyens, ministres des autels, tous enfans de Dieu; venez raconter à l'envi ses vertus, ses bienfaits et votre reconnaissance, et publier sa gloire. Il n'est plus maintenant; la mort l'a ravi au monde. Exaltez la donc, sa vie si glo-

---

» votre conduite. Je me félicite d'être auprès de
» vous, dans une telle occasion, l'organe des
» sentimens du Premier Consul ».

rieuse et sa fin si touchante. O Prélat, l'honneur du siècle et de l'église; si du haut des célestes demeures, quelque chose d'ici bas vous intéresse encore, jettez un regard sur cette terre que votre mort a couverte de deuil. Voyez nos larmes, soyez ému de nos soupirs. Nous bénissons votre nom, nous l'invoquons sans cesse. Nos neveux à notre exemple le béniront et l'invoqueront aussi. Ils se rendront en foule sur votre tombeau, non pour y voir des titres fastueux, de superbes mausolées, déplorables monumens de la vanité humaine. Vos restes, plus honorés, sont entourés des hommages de la Terre. Ils rappeleront aux générations à venir un nom cher à la religion et à la patrie. Ils inspireront la vertu. C'est ainsi qu'après le soleil couché, le crépuscule d'un beau soir éclaire encore les pas du voyageur.

www.ingramcontent.com/pod-product-compliance
Lightning Source LLC
LaVergne TN
LVHW010614110826
845149LV00003B/912